관객의 마음을 사로잡는
영상 연출법 101

관객의 마음을 사로잡는
영상 연출법 101

초판 1쇄 펴낸날 2023년 8월 28일
초판 4쇄 펴낸날 2024년 8월 5일

지은이 스킴온웨스트(김성영)
펴낸이 이건복 **펴낸곳** 도서출판 동녘
편집 이정신 이지원 김혜윤 홍주은 **디자인** 김태호 **마케팅** 임세현
관리 서숙희 이주원
등록 제311-1980-01호 1980년 3월 25일
주소 (10881) 경기도 파주시 회동길 77-26
전화 영업 031-955-3000 **편집** 031-955-3005 **전송** 031-955-3009
홈페이지 www.dongnyok.com **전자우편** editor@dongnyok.com
페이스북·인스타그램 @dongnyokpub
인쇄·제본 영신사 **라미네이팅** 북웨어 **종이** 한서지업사

ISBN 978-89-7297-106-1 (02680)

책을 펴내며

이 책은 이야기 자체를 만들어가는 시나리오 작법 책이 아니다. '텍스트'로 쓰여진 이야기를 관객이 가장 쉽게 몰입할 수 있는 '영상'의 형태로 전환하고자 할 때, 즉 '영상 연출'을 하고자 하는 이들에게 작은 도움이 될 수 있는 책이다. 기본적인 촬영, 편집, 연출부터 실제 제작 현장에서 쓰이는 용어들, 제작 프로세스 및 파이프라인 구축 그리고 영상을 대할 때의 마음가짐 등과 같이 기술적인 부분부터 기본 소양까지 다양한 주제를 얕고 다양하게 다룬다. 픽사의 카메라 연출 부서에서 11년간 영화에 참여해오면서 주변 동료들이 공통으로 고민하고 중요하게 여기는 부분들을 최대한 포함하려고 노력했다. 연출에 대한 막막함을 느낄 때마다, 한 번씩 펼쳐보면서 답답함을 풀어나갈 실마리가 되는 책이 되었으면 좋겠다.

일러두기

1. 본문에서 저자가 예시를 들어 설명하는 영상들은 QR코드로 링크해 수록했다.
2. QR코드를 스캔하는 방법
–   '네이버' 앱에서 검색창 오른쪽의 아이콘을 누른 후 왼쪽 하단 메뉴에서 '렌즈/스마트렌즈' 혹은 'QR/바코드'로 스캔한다.
–   '다음' 앱에서 검색창 오른쪽의 아이콘을 눌러 '코드검색'으로 스캔한다.
–   스마트폰 기본 카메라 앱에서 '스마트렌즈'가 지원되는 기종은 카메라에서 바로 스캔할 수 있다.
–   구글 플레이 스토어나 애플 앱 스토어에서 각종 QR코드 스캐너 앱을 다운받아 스캔한다.
3. 아래 QR코드를 스캔하면 저자의 유튜브 채널 〈Skim On West〉에서 더 다양한 저자의 영상 연출 관련 콘텐츠를 즐길 수 있다.

관객의 마음을 사로잡는
영상 연출법 101

스킴온웨스트(김성영) 지음

동녘

필름 메이커의 대모험
〈틴틴의 대모험(The Adventures of Tintin)〉 오마주

시작했다면 끝을 봐라

프로젝트를 시작할 때의 열정은 누구나 쉽게 얻을 수 있는 덜 여문 과일이다. 온갖 고된 날들을 이겨내고 끝까지 마무리해낸 프로젝트만이 성장에 도움이 되는 영양가 높은 수확물이 될 수 있다. 처음은 누구에게나 힘겹다. 내가 처음 만든 샷들이 마음에 들 리가 없겠지만 사운드, 편집, 이펙트, 보이스오버voice-over(연기자나 해설자 등이 화면에 보이지 않는 상태에서 대사나 해설 등의 목소리가 들리는 것) 등 현재의 내가 할 수 있는 모든 걸 동원해 최종 결과물을 만들려 안간힘을 써야 한다. 그래야 어떤 부분이 문제였고 다음 번에는 같은 실수를 반복하지 않겠다는 다짐을 머리가 아닌 몸에 새겨 넣게 된다. 완전히 체화되지 않은 경험은 같은 실수를 반복하게 만드는 주된 원인이다.

누구에게 무엇을 말하고 싶은 것일까?

길거리에서 확성기를 들고 누구를 향하는 것인지 분명하지 않은 이야기를 외치는 사람이 있다면 보통 두 가지 반응을 마주하게 될 것이다. 무시하고 지나가거나 "웬 정신 나간 놈이 혼잣말을 중얼거리고 있느냐" 하는 욕을 듣거나. 누구를 위한 영상인지 고려하지 않은 채 제작·배포된 영상은 의도를 알 수 없는 혼잣말과 마찬가지다. 그렇기 때문에 그 영상은 누구의 관심도 받지 못하거나 마음의 상처로 남을 반응만 마주하게 될 확률이 높다. 먼저 나의 이야기를 들어줬으면 하는 대상을 명확히 하자. 그리고 그 대상의 공감을 얻기 위한 최소한의 노력은 해야 한다. 웹상에도 충분히 많은 리서치 자료들이 존재하지만 관련 그룹의 사람들과 직접 만나 유대감을 쌓으며 그들을 알아가는 노력이 필요한 경우도 있다. 흔히 말하는 '진정성'이 느껴지는 콘텐츠는 최소한의 숙제를 마친 상태에서 시작된다.

VS

같은 장면이라도 스크린 크기는 연출에 큰 영향을 끼친다.

최적의 형태를 찾아라:
장편, 단편, 시리즈, 유튜브, 쇼츠

영상을 소비할 관객층을 결정했다고 해도 영상의 길이, 플랫폼, 화면 크기 등에 따라 연출 방식은 완전히 달라질 수밖에 없다. 미리보기 5초 안에 클릭을 유도해야 하는 1분이 채 되지 않는 영상에 복선을 설정하는 전통적인 영상 연출법은 효과적이지 않다. 오히려 15초 안에 시청자의 눈과 귀를 사로잡아야 하는 TV 광고 연출법이 더 어울릴 수 있다. 반면 긴 호흡의 이야기를 완급 조절과 함께 끌고 가야 하는 장편영화나 시리즈물의 경우, 너무 자극적인 비주얼만 연속적으로 보여주는 게 능사는 아니다.

화면 크기도 연출에 큰 영향을 끼친다. 영화 〈아라비아의 로렌스Lawrence of Arabia〉(1962)에서 광활한 사막을 배경으로 한 와이드샷wide shot(넓은 시야의 장면)은 극장의 큰 스크린으로 볼 때는 공간의 웅장함을 느낄 수 있지만, 스마트폰 화면에서는 피사체가 지나치게 작아 보여 오히려 집중하기 힘든 샷으로 전락한다. '4~7세 아이들이 스마트폰으로 보는 장난감 콘텐츠 영상', '케이팝을 좋아하는 전 세계 10대들이 세로 화면 쇼츠로 감상하기 좋은 영상'과 같이 정확한 타깃 관객, 영상 포맷, 화면 크기 등을 구체적으로 설정한 후에야 비로소 해당 영상에 필요한 연출을 시작할 수 있다.

영화감독 스파이크 존스가 연출한 애플의 인공지능 스피커 광고

자연스러운 연결성보다는 한순간 눈을 사로잡는 게 더욱 중요한 광고 영상

영상의 목적에 따른 연출법은 천차만별이다

광고와 영화 연출법이 같을 수 없다. 영화는 관객이 자연스럽게 상황에 몰입할 수 있도록 샷과 샷을 최대한 자연스럽게 연결하려 노력하는 경우가 대부분이다. 반면 짧은 시간 안에 눈을 사로잡아야 하는 광고 같은 경우는 일부러 샷과 샷이 툭툭 끊기거나, 시간을 건너는 느낌이 드는 점프컷jump cut을 사용하곤 한다. 눈에 피로를 누적시키는 연출이라 긴 영상에는 사용하기 힘들다. 하지만, 어떤 방식으로든 강한 비주얼 대비를 만들어내 사람들의 눈이 그곳으로 향하도록 하는 광고 연출은 15~30초 길이의 영상에는 찰떡궁합일 수 있다. 이 책에서는 주로 이야기를 자연스럽게 전달하기 위한 연출법을 위주로 다룰 예정이지만, 영상 법칙을 의도적으로 깨는 예외 상황들도 함께 짚어갈 것이다.

이야기의 핵심이 무엇일까?

일반적으로 두세 문장으로 이루어진 로그라인llogline(영화의 관심을 유도하기 위해 영화 내용의 플롯이나 관심 요소를 요약해서 정리한 글)에 포함되는 요소들이 이야기의 핵심이라 할 수 있다. 연출을 하는 이는 이야기가 진행되는 동안 극중 인물들이 겪게 될 핵심 갈등 요소들을 항상 마음에 품고 이를 연출의 중추로 삼아야 한다. 장편 영화나 시리즈물처럼 러닝타임이 길어지면 중심이 되는 A 스토리 이외에도 곁가지 이야기 B, C로 이야기가 확장될 수밖에 없지만, A 스토리가 영화의 중심이라는 걸 잊어서는 안 된다. 이야기의 중요도는 러닝타임 배분 및 각 이야기의 톤 앤 매너를 결정할 좋은 기준점이 된다. 필자도 그러한 이유로 현재 참여 중인 작품의 로그라인을 큼지막하게 인쇄해 모니터 위에 붙여 놓고 작업에 임하곤 한다.

계획 단계를 무시하지 마라

영상 제작은 아이디어와 결과물 사이에 정말 큰 시차가 있다. 흔히 프리 프로덕션pre-production이라 부르는 초기 기획 단계 때 스토리 개발, 프로덕션 디자인 시작, 어느 시점에 어떤 부서 사람들을 증원하기 시작할 것인지, 각 영상 프로세스에 어느 정도 시간을 할애할 것인지, 어떤 시점에 어떤 그룹의 사람들과 어떤 종류의 중간 점검을 할 것인지, 각 부서별 사용할 수 있는 예산은 얼마이고 포기할 부분과 포기할 수 없는 부분은 어떤 것들인지 등을 꼼꼼히 계획해야 한다. 영상 제작은 언제나 예상하지 못한 변수가 생기기 마련이지만, 최소한 명확한 계획을 가지고 시작했어야 이후 무언가 잘못됐을 때, 그 특정 단계에서 어떤 문제점이 있었는지 파악할 수 있는 기준점을 갖게 된다.

캡틴 감독

영상 🎥 제작호

배 건조 & 수리, 선원 모집:
프로듀서

프리프로덕션이란?

감독이 주도하는 프리프로덕션과 프로듀서가 주도하는 프리프로덕션이 있다. 감독이 핵심 콘텐츠를 만들어가야 한다면, 프로듀서는 감독이 콘텐츠 제작에 집중할 수 있도록 스케줄 관리, 스태프 캐스팅, 예산관리, 내외부의 여러 관련 그룹들과 협상을 이끌어내야 한다. 프리프로덕션 기간 동안 감독이 주로 스토리, 주요 캐릭터, 배경 디자인, 스토리보드, 프리비즈 Pre-Visualization(약어로 'Previs'라고 쓰며, 손으로 그리는 스토리보드나 콘티 대신 3D 프로그램을 이용해 배우와 카메라 위치, 동선, 렌즈 값, 카메라 움직임 등을 더 정교하게 미리 연출해보는 과정을 말한다) 등을 통한 연출 등에 집중한다면, 프로듀서는 스토리에 따른 각 부서의 규모를 미리 계획하고 그에 따른 아티스트 혹은 배우를 어느 정도 규모로 캐스팅할 것인지, 예산은 어떤 순서로 사용할 것인지, 주요 단계와 일정은 어떤 날짜로 세팅할지 등을 계획한다. 한국 영화계에서는 감독이 프로듀서보다 조금 더 많은 권한을 가진 경우가 많지만, 할리우드에서는 보통 5 대 5의 권한 정도로 본다. 서로에게 의존적인 관계이기 때문이다.

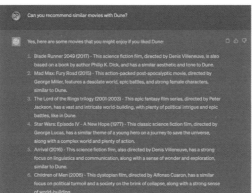

구글, 챗GPT 등과 같이 영화 선택을 도와주는 도구들이 넘쳐나는 시대이다.

평소에 좋은 영상을 많이 접하고 기록을 남겨라

내가 어떠한 영상의 어떤 장면들에서 감동과 재미를 느끼는지 먼저 파악해보자. 그러기 위해서는 유행하는 영상만 간신히 챙겨보는 수준보다는 조금 더 적극적으로 영상을 찾아볼 필요가 있다. 그렇다고 '꼭 봐야 하는 명화 100선'과 같은 리스트에 목맬 필요는 전혀 없다. 그런 리스트에는 취향에 맞지 않는 고전 영화가 많이 포함되어 있는 경우가 많기 때문에 오히려 영상을 찾아보려는 욕구를 떨어뜨릴 수도 있다. 요즘 영상 관련 포털 사이트에서는 자신이 감명 깊게 본 영화를 검색하면 그와 유사한 계열의 영화를 추천해준다. 그중에서 평가가 좋은 비슷한 결의 영화들을 먼저 섭렵하면서 점차 영역을 넓혀가는 것도 좋은 방법이다. 여기서 중요한 것은 한두 줄이라도 감상평을 남기는 것이다. 그냥 '재밌었다' 혹은 '내 별점은 4점' 같은 단답형 후기가 아니라 '어떠한 부분이 특히 와 닿았고 다른 영화와 이런저런 차별성이 있었다'와 같이 영화 감상 직후의 감정을 다시 한 번 짚어볼 수 있는 문장을 남길 때, 각인이 되어 오랫동안 그 영화를 기억하는 데 큰 도움이 된다.

계획은 계획일 뿐

시시각각 변하는 상황에 촉각을 세우고 계획을 조절하는 유연함은 필수다. 유연함을 확보하기 위해서 계획을 세울 때 항상 각 단계마다 10~15퍼센트 여유 시간을 필수적으로 계획에 포함시켜라. 주요 스태프가 당일 아프거나 촬영 당일 날씨가 갑자기 변덕을 부리는 일은 너무 흔하고, 제작비를 투자한 회사가 제작 기간 중간에 다른 회사에 인수 합병되어 몇 주간 자금이 동결되기도 한다. 세상일은 원래 100퍼센트 계획한 대로 돌아가는 경우가 드물다. 예상치 못한 일이 생길 거라는 가능성을 무시하면 어딘가에서 반드시 탈이 난다. 약간의 여유 시간을 확보하는 일은 창의력의 필수 전제이기도 하다. 영상을 만들어가는 과정 중간에 각 부서에서 좋은 아이디어들이 나오는 경우도 많다. 반면 너무 촉박한 스케줄은 그런 좋은 아이디어들을 다 날려버리는 주요 원인이 된다. 아무런 변동 없이 처음 기획 그대로 만들어진 작품들이 별로인 경우가 많다.

사진을 '찍고', '선택하고', '완성하는' 모든 과정을 거쳐야
사진을 취미로 한다고 말할 수 있다.

사진을 찍자

영상 제작에 도움되는 여러 경험들 중에서 특히 사진을 찍는 취미는 직접적인 영향을 준다. 사진을 진지하게 찍어보고자 마음먹는 순간부터 자연스럽게 어떤 순간을 얼마만큼 프레임 안에 담아낼까 고민하게 되고, 이러한 고민은 화면 속 구도를 바라볼 때 훨씬 날카로운 눈을 가지게 한다. 뿐만 아니라 이미 찍은 사진들 중에서 마음에 드는 사진만 남기는 선택 과정, 색 보정 등의 후반 작업을 통해 하나의 완결된 이미지를 만드는 습관은 완성도 있는 화면을 만드는 좋은 기초 훈련이 된다.

항상 서서 작업하는 월터 머치

1. 2. 3 컷!

영상의 리듬감은 장르를 바꾸기도 한다

음악을 들을 때 리듬감을 중요하게 생각하는 이들도 유독, 영상을 만들 때는 리듬감을 전혀 고려하지 않고 샷, 대사, 사운드 이펙트 등을 만드는 경우가 있다. 어떤 타이밍에 상대방 대사에 대한 리액션을 하느냐 혹은 맞받아치는 대사가 어떤 시점에 나오도록 하는지만 섬세하게 조절해도, 타이밍에 따라 코미디가 되기도 하고 드라마가 되기도 한다. 이처럼 영상 안에는 샷의 길이, 대사, 사운드 이펙트, OST(오리지널 사운드트랙) 등과 같이 리듬에 영향을 미치는 요소가 다양하다. 픽사의 경우 성우가 같은 대사를 여러 차례 반복 녹음하기 때문에 여러 버전의 녹음 파일 중 만들고자 하는 리듬에 가장 잘 어울리는 길이로 녹음된 '단어'들만 추출해 하나의 문장으로 재조합하기도 한다. 현존하는 가장 위대한 편집감독이자 음악감독으로 꼽히는 월터 머치Walter Murch는 발로 리듬을 맞추며 편집할 때 가장 리듬을 잘 타는 스타일이라 항상 서서 작업하는 습관을 가지고 있다.

Ballet of Unhatched Chicks
USC 2학년 때 개인작

HU's Game
USC 3학년 때 개인작

프로덕션 전반에 대한 이해뿐만 아니라
여러 기회를 열어주었던 개인 작품들.

내 작품 한 편은 있어야 한다

영상 제작의 전 과정을 혼자 도맡을 필요는 없지만, 모든 과정에 대한 최소한의 이해는 필수다. 이를 위해 적어도 내 작품 한 편을 만들어보는 경험은 영상 제작을 꿈꾸는 모든 사람들에게 꼭 필요하다. 스토리를 고민하고 완성된 영상을 관객들에게 선보이는 배급 과정까지, 아무리 규모가 작은 프로젝트라고 해도 이 모든 과정을 온전히 경험해본 사람과 아닌 사람이 작품을 대하는 태도는 근본적으로 다르다. 몸으로 부딪혀봐야 알 수 있는 디테일은 각 부서의 역할을 온전히 이해하도록 하고, 이런 경험은 이야기, 제작 스케줄, 예산 등을 고려할 때 어떤 부분에 선택과 집중을 해야 하는지 판단할 수 있는 유연함을 갖게 해준다.

반전 영화 대명사처럼 언급되는 〈식스 센스〉.
개봉 당시 스포일러를 피하기 위해 이 영화가 상영되는 극장 근처에서
귀를 닫고 다니는 사람들이 많았다.

관객들의 몰입감을 높이고 싶다면 '밀당'은 필수다

영화와 같이 긴 러닝타임을 가진 영상을 연출한다면 어떻게 관객의 시선을 화면에 붙들어 놓을 것인지가 큰 관건이다. 어떤 정보를 숨기고, 숨긴 정보를 어떤 타이밍에 어떠한 방식으로 보여주느냐를 두고 감독은 관객들과 끊임없이 밀고 당기기를 한다. 너무 중요한 정보를 싱거운 방식으로 보여주면 관객은 뒤따를 이야기를 좇을 필요성을 못 느낀다. 반대로 영화 속 주요 반전 요소를 극 후반부에 배치할 계획이라면 반전의 순간까지 관객들이 지루함을 느끼지 않도록 적절한 자극을 꾸준히 주어야 할 것이다. 후자의 방식은 매우 강력한 카운터펀치를 가진 영화가 되지만, 한편으로는 〈식스 센스The Sixth Sense〉(1999), 〈유전Hereditary〉(2018), 〈나를 찾아줘Gone Girl〉(2014), 〈셔터 아일랜드Shutter Island〉(2010) 등과 같이 스포일러에 매우 민감한 영화가 되기도 한다.

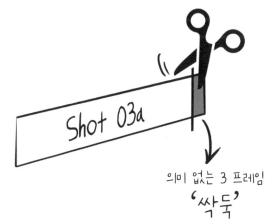

모든 샷에는 목적이 있어야 한다

30초짜리 영상이든 2시간짜리 영상이든 언제나 연출가는 더 많은 것들을 영상에 포함하고 싶은 욕심이 생긴다. 이 때문에 필연적으로 어느 부분에서 잘라내야 할지 심각하게 고민하는 순간을 마주한다. 방송에 송출될 30초짜리 광고를 만드는 과정에서 가편집 영상이 35초가 나왔다고 가정해보자. '5초만 줄이면 되네?'라고 일견 쉽게 생각할 수 있지만 30초에서 5초는 무려 18퍼센트에 가까운 시간이다. 5초를 무작정 잘라내면 분위기를 만들어나가야 하는 샷이 너무 짧아질 수 있고, 제품을 충분히 드러내지 못할 수도 있다. 대사가 있는 영상이라면 대사의 리듬이나 길이 때문에 샷 길이를 마음대로 줄이기 어렵다는 점도 생각해야 한다. 결국 차별성을 주기 위해 추가했던 감각적인 인서트샷insert shot(화면의 특정 동작이나 상황을 강조하기 위해 삽입한 화면)이나 클로즈업샷close-up shot(인물의 일부를 화면에 크게 나타내는 장면)들 중 한두 개를 빼야 하는 상황을 마주한다. 단 5초를 줄이는 과정이 너무 괴롭다면 연출가에게 이는 매우 건전한 고통이다. 수십 번의 편집 세션을 거치고 나면 최종적으로는 단 몇 프레임이라도 줄이는 단계까지 다다르게 된다. 목적이 불확실한 샷이 최종 편집 영상에 남아 있다면 편집을 너무 안이하게 한 것이 아닌가 의심해봐야 한다.

대화 도중에 드러난 '닉'의 송곳니.
'주디'가 무의식 중에 육식동물에 대한 공포심을 가지고 있다는 걸
페퍼 스프레이를 잡으려는 모습으로 보여준다.

주인공이 모르는 욕망을 관객은 알아차려야 한다

주인공은 깨닫지 못하지만 주인공이 지닌 욕망, 자격지심 등과 같이 스토리를 이끌어가는 결정적 요소들은 은연중에 반복되거나, 단 한 번만 드러낸다면 매우 명확하게 관객들에게 보여줘야 한다. 숨겨진 욕망과 실제 행동 사이의 괴리가 점점 좁혀지는 과정을 지켜보는 것만으로도 관객들이 그 인물을 응원하기 때문이다. 픽사의 〈소울Soul〉(2020)에서 주인공 '조'는 계약직에서 정직원 선생님으로 승진했다는 소식을 듣지만 꺼림칙한 표정을 짓는다. 그리고 카메라는 전설적인 재즈 연주자들의 사진이 배치된 그의 자리를 은연중에 반복해 노출하는 방식으로 조의 진정한 욕망이 어디로 향하고 있는지 관객들이 알아차리게 한다. 아무런 편견이 없어보이던 〈주토피아Zootopia〉(2016)의 '주디(토끼)'도 절친 '닉(여우)'의 송곳니를 의식하는 순간이 있는데, 대수롭지 않게 지나갈 수 있는 순간을 주디의 시점샷을 통해 송곳니를 강조해 보여줌으로써 관객들에게 주디가 느끼는 내재된 공포심을 보여준다. 평소에 나긋나긋한 성격의 닉이 아닌 잠시 드러난 여우의 날카로운 이빨을 조금 더 과장되게 찍어야 주디의 두려움이 발현되기 시작한 시점을 관객들이 명확하게 알아차릴 수 있다.

〈127 시간〉의 한 장면.
빗물을 조금이라도 더 저장하려는
주인공의 처절한 몸부림.

고난의 골이 깊을수록 관객이 느끼는 카타르시스가 크다

주인공을 괴롭히는 고난이 크면 클수록 관객은 더욱더 주인공을 응원하기 마련이다. 예를 들어 혼자 헤어 나오기 힘든 깊은 골짜기에 주인공을 빠트려 조난 상황을 설정했다면, 주인공이 조금만 상처를 회복해도 관객은 크게 안도할 것이다. 영화 〈127시간127 Hours〉(2010)에서 비가 내리는 장면이 바로 그렇다. 홀로 사막지대를 탐험하던 도중 바위틈에 팔이 끼는 사고로 폭염 속에서 생존해야 하는 주인공. 그때 마침 내린 비는 그야말로 생명수였고 관객은 그 순간 엄청난 안도감을 느낄 것이다. 하나 주의할 점이 있다면 고난의 골짜기에서 헤어날 수 있는 합리적인 장치를 미리 계획하고, 골짜기의 깊이도 결정해야 한다. 말도 안 되는 깊이의 골짜기에 주인공을 덜컥 떨어뜨려 놓고 관객이 납득할 수 없는 방식으로 주인공이 그곳에서 탈출한다고 생각해보자. 관객은 단순히 실망하는 것에 그치지 않고 자신의 소중한 시간을 낭비하게 한 창작자를 향해 원색적인 비난을 쏟아낼 것이다.

사전 리서치 쇼츠

■◀

디테일한 연출을 하고 싶다면…

얼마나 정성스럽게 '사전 리서치'를 했느냐에 따라 영상의 디테일은 달라질 수밖에 없다. 픽사의 〈코코Coco〉(2017)에 참여할 때였다. 주인공 집안이 대대로 운영해온 수제 신발 가게에서 일하는 사람들의 모습을 담은 장면을 만들어야 했는데, 스태프 중 그 누구도 가죽 수제 신발을 만들어본 사람이 없어 생생한 장면을 만드는 데 어려움을 겪을 수밖에 없었다. 수제 구두점을 직접 방문해 전문가의 작업 과정을 자세히 취재하고, 그 기록을 바탕으로 만들어가는 게 가장 이상적이겠지만, 상황이 여의치 않다면 관련 다큐멘터리나 자료를 찾아보는 것만으로도 머릿속에 훨씬 구체적인 상황을 그려낼 수 있다. 실제 〈코코〉에 들어간 장면들 중 신발 바닥 부분에 가는 못을 박는 모습이나 그라인더를 이용해 가죽 표면을 부드럽게 갈아주는 장면 등은 스토리에는 없었지만 다큐멘터리를 보며 알게 된 몇몇 장면을 연출에 끼워 넣었고, 그 장면들은 최종적으로 영화에 포함되었다. 접해보지 못한 주제를 다루더라도 리서치를 통해 영화를 만들다보면 자연스럽게 여러 분야에 대한 지식이 쌓인다.

기본 컷 편집 이론은 꼭 익혀라

어떠한 형태의 영상이든 '편집'이라는 과정을 건너뛸 수는 없다. 단순히 촬영된 샷들을 이어붙이는 컷 편집을 하더라도, 어떠한 순서로 이어 붙여야 샷과 샷이 자연스럽게 연결되는지 정도는 알고 있어야 한다. 그래야 촬영 단계부터 어떤 식으로 장면을 찍을 것인지 계획할 수 있다. 기본 컷 편집 이론은 영상을 만들고자 하는 이에게 가장 기본적으로 갖춰야 할 덕목이다. 아무리 멋있게 찍은 장면이라도 컷이 어색하게 연결된다면 결국 쓸 수 없는 샷이 되어버리고 만다.

피사체, 사이즈, 앵글, 렌즈가 비슷하면 '점프컷'이 된다.

피사체 사이즈, 앵글, 렌즈가 모두 변하면 컷이 자연스럽다.

■◀

기본 편집 이론 #01:
피사체 크기가 충분히 변해야 한다

샷과 샷 사이 피사체 크기가 충분히 많이 변해야 샷 연결이 자연스럽다.
화면 속 피사체 크기가 비슷한 다음 샷으로 넘어가면 점프 컷처럼 튀어
보인다. 일부러 튀어 보이는 컷을 사용할 때는 그러한 기법을 사용하기도
하지만 99퍼센트의 경우는 자연스러운 연결을 필요로 한다. 피사체 크기
뿐만 아니라 카메라 렌즈 값이나 앵글까지 바꿔주면 완전히 다른 종류의
샷으로 느껴지기 때문에 샷 연결이 한결 더 자연스러워진다. 렌즈나 앵글
에 대한 부분은 차차 이야기할 테니 지금 100퍼센트 이해가 되지 않는다
고 미리 걱정할 필요는 없다.

액션컷 쇼츠

기본 편집 이론 #02:
움직임 중간에 끊어라

왼쪽 QR코드에 링크된 영상은 〈코코〉에서 파티 장면 중 주인공 미구엘이 서둘러 달려가다 발밑에 있는 수영장을 못 보고 빠지는 장면이다. 샷 전개를 살펴보면 미구엘을 미디엄샷medium shot(허리 위를 화면에 담는 것)으로 따라가다가 수영장에 빠지는 순간, 상황을 객관적으로 볼 수 있는 와이드샷으로 컷이 되면서 샷 크기의 변화가 충분히 있는 자연스러운 컷이 된다. 그리고 샷 연결을 자연스럽게 만든 또 하나의 중요 포인트가 있는데, 미디엄샷에서 시작된 미구엘의 동작이 그다음 샷에서도 그대로 이어졌다는 점이다. 이와 같이 동작 중간에 컷을 하고 다음 샷에서 같은 동작을 이어가도록 편집하면 컷이 거의 느껴지지 않을 정도로 자연스러운 샷 연결을 만들 수 있다.

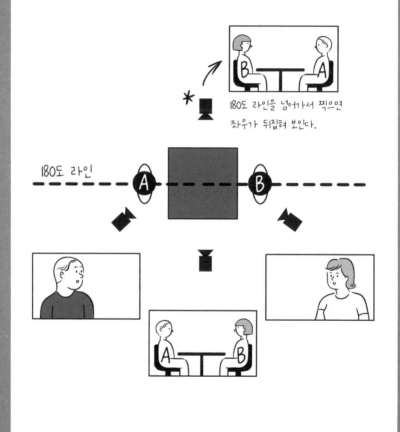

180도 라인을 넘어가서 찍으면
좌우가 뒤집혀 보인다.

180도 라인

180도 라인을 지켜준다

두 사람이 대화하는 장면을 찍을 때 카메라는 어떤 위치에 배치되어야 할까? 왼쪽에 오른쪽을 바라보는 이와 오른쪽에서 왼쪽 방향으로 바라보는 이의 시선 방향이 뒤죽박죽이 되지 않도록 하기 위해서, 두 피사체 사이에 가상의 선을 하나 설정하는데 이를 '180도 라인'이라 부른다. 일단 이 라인을 설정하면 카메라는 보통 라인의 한쪽 면을 선택해 대화가 진행되는 내내 라인을 넘어가지 않는 범위에서 다양한 샷을 찍게 된다. 전쟁 장면이나 스포츠 방송 등을 보면 한쪽 편에서만 촬영을 진행한다는 걸 알 수 있다. 카메라가 바뀔 때마다 화면 안에서 공격과 수비의 방향이 뒤집히는 걸 방지하기 위해 180도 라인을 철저하게 지키면서 촬영을 진행하기 때문이다.

#1 #2

No⋯ Yes!!!

1번보다 2번의 경우가 샷이 바뀌어도
관객들이 화면에서 봐야 할 위치가 비슷하게 유지된다.

■◀

기본 편집 이론 #04:
관객의 눈을 디렉팅 하는 법, 아이픽스

스마트폰에서만 소비될 콘텐츠를 제작한다면 관객이 화면의 어느 부분을 바라볼 것인지 파악하는 게 크게 중요하지 않다. 화면 전체가 한눈에 들어오기 때문이다. 하지만 극장 스크린에서 소비될 콘텐츠를 제작할 때는 완전히 다른 문제다. 첫 번째 샷에서 피사체가 화면 오른쪽 상단에 위치했는데, 바로 이어지는 샷에서 피사체가 왼쪽 하단에 위치하게 된다면 관객의 눈은 순간적으로, 짧게는 몇 미터에서 아이맥스와 같이 거대한 스크린에서는 30미터 이상을 움직여야 필요한 정보를 놓치지 않을 수 있다. 영화는 보통 수천 개의 샷들로 이루어져 있기 때문에 이와 같은 급격한 동공 움직임을 2시간 내내 강요한다면 관객들은 엄청난 피로감을 느낀다. 샷이 바뀔 때마다 관객들이 눈을 이리저리 바쁘게 움직일 필요 없도록 샷별 화면 속 피사체 위치를 비슷하게 맞춰주는 것을 '아이픽스Eye Fix'라고 부른다.

점프컷 쇼츠

■◀

편집 이론 깨기 #01:
점프컷

모든 법칙에는 예외가 있기 마련이다. 샷 간의 자연스러운 연결보다는 일부러 툭툭 튀는 느낌을 만들어낼 때가 있는데, 점프컷이 대표적인 경우다. 점프컷을 만드는 법은 앞서 이야기한 이론들을 뒤집으면 된다. 화면 속 피사체 사이즈가 거의 비슷한 샷들을 이어 붙이고, 카메라 앵글도 거의 변하지 않고, 동작의 연결성도 없는 샷들을 거칠게 이어 붙이면 점프컷이 된다. 점프컷은 주로 시간의 흐름을 압축해 보여주어야 하는 경우, 동작이 리듬감 있게 진행되어야 하는 몽타주 시퀀스montage sequence(다양한 이미지들을 편집하여 하나의 장면을 만들어내는 과정), 혹은 인물의 혼란한 감정 상태를 표현하기 위한 상황 등에서 주로 사용된다. 주의할 점은 점프컷을 너무 남용하면 관객들이 쉽게 피로감을 느낄 수 있기 때문에 꼭 필요한 경우에만 선택적으로 사용해야 한다는 것이다.

〈블레이드 러너 2049〉〈2017〉의 와이드샷들.
관객들이 화면을 충분히 살펴볼 수 있도록 너무 빠른 컷은 지양하고 있다.

편집 이론 깨기 #02:
샷 길이에 따라 무시되는 편집 이론

요즘은 빠른 편집이 대세이기 때문에 샷 안에서 꼭 봐야 하는 주요 정보를 놓치지 않도록 아이픽스를 맞추고, 180도 라인도 지켜가며 영상을 만들어가는 것을 기본 전제로 생각하는 게 좋다. 하지만 관객들이 샷 구석구석을 충분히 둘러볼 수 있을 만큼 샷 길이가 충분히 길다면, 앞서 이야기한 편집 기법들을 무시해도 된다. 10초 이상의 긴 샷을 사용하는 경우라면 관객이 첫눈에 필요한 정보를 찾지 못하더라도, 천천히 화면을 둘러보며 연출가가 보여주고자 하는 정보를 습득할 수 있기 때문이다. 긴 길이의 샷들은 전시장에서 그림을 천천히 음미하며 감상하듯 관객들이 화면을 천천히 둘러보길 기대하며 사용한다. 이런 샷들은 필요한 정보를 정확하게 짚어주는 '클로즈업'보다는 화면 속 둘러볼 거리가 많은 '와이드샷'인 경우가 많다.

같은 시리즈라도 시대 흐름에 따라
샷 길이는 짧아지고 있다.

Average shot length (평균 샷 길이)

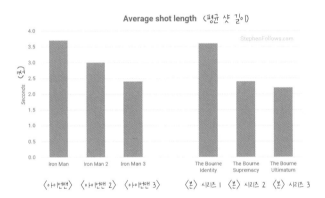

〈아이언맨〉 〈아이언맨 2〉 〈아이언맨 3〉   〈본〉 시리즈 1 〈본〉 시리즈 2 〈본〉 시리즈 3

출처: http://stephenfollows.com/many-shots-average-movie

▄▬◀

'프레임'을 포함해 화면 속 모든 요소는
관객의 집중을 이끌기 위한 것이다

우리가 일상적으로 보는 대부분의 영상 속에는 직사각형의 '프레임'을 통
해 선별된 앵글, 인물, 배경만 등장한다. 지난 100여 년간 MTV(1981년에
미국에서 개국한 24시간 음악 방송 전문 채널) 시대, 인터넷 영상 시대 등을 거치
며 점점 더 빠른 컷을 사용하는 방향으로 변해왔고, 그에 따라 더 짧은 시
간 안에 관객들이 꼭 필요한 정보를 습득할 수 있도록 하는 연출 방향으
로 발전되어왔다. 물론 영상인들은 예술성도 포기할 수는 없었기에, 화면
속 모든 비주얼 요소들이 심미적·실용적 목적을 동시에 성취하도록 발전
됐다. 하이엔드 작품들일 수록 화면 속 시각 구성 요소에 하나하나에 신경
쓸 여력이 많다. 따라서 화면 속 비주얼 요소들을 어떻게 사용하는지 공부
하고자 한다면 일반적으로 하이엔드 작품들 속 이미지들을 참고하는 게
좋다. 어떠한 비주얼 요소들이 관객들의 집중을 돕는지 하나하나 살펴가
도록 하자.

1.33:1 (4:3)

1.78:1 (16:9)

2.35:1 (21:9)

화면 비율에 따라 인물을 찍는 방법도 달라진다.

〈더 웨일〉 (2023)
〈미나리〉 (2020)
〈007 스카이폴〉 (2021)

프레임의 종류와 특성

와이드 화면 비율(2.35, 2.75 등): 광활하게 펼쳐진 장면을 많이 담을 수 있기 때문에 이 비율을 사용한 초창기에는 서부극이나 전쟁 영화 등에서 많이 사용되었다. 스케일이 큰 영화에 많이 쓰인다는 인식이 정착된 요즘은 마블 영화 등과 같은 블록버스터 영화들이 대부분 와이드 화면 비율을 채택한다. 반면, 인물을 찍을 때는 화면 좌우에 비어 있는 공간이 많이 생겨서 인물에 대한 몰입감이 높은 화면 비율은 아니다.

026

전통 화면 비율(1.33 등): 브라운관 TV의 비율로 클래시컬 한 느낌을 주는 화면 비율이다. 인물을 찍을 때 좌우에 빈 공간이 상대적으로 덜하기 때문에 인물을 화면 안에 크게 담기에 유리하다. 시트콤 등과 같이 인물을 중심으로 전개되는 스토리에 적합하고, 요즘에는 1:1 비율의 '인스타그램 비율'이 유행하면서 다시 클래시컬한 이 비율을 이용한 뮤직비디오나 광고 등도 많이 제작된다.

HD/UHD(1.78): TV 드라마나 유튜브 영상들이 대부분 사용하고 있는 비율이다. 와이드와 전통 화면 비율의 중간 비율로 양 화면 비율의 단점을 적절히 보완하지만, 너무 많이 사용되고 있어서 평범한 화면 비율이라는 인식도 있다.

문이나 창문을 이용해 새로운 프레임을 만드는 경우.

신체의 일부를 프레임 도구로 사용하기도 한다.

〈수색자〉 (1957)
〈졸업〉 (1967)

프레임 속 프레임

촬영을 진행할 때 피사체를 담을 프레임을 직사각형으로 제한할 필요는 없다. 일반적인 상영 포맷인 직사각형 형태의 프레임을 사용하더라도 프레임 속 소품이나 인물을 이용해 또 다른 형태의 프레임을 얼마든지 만들어낼 수 있다. 가장 흔하게는 문이나 창문 프레임 등이 프레임 속 프레임 Frame in Frame 도구로 사용된다. 또한 전등 갓, 안경, 자동차의 백미러 등과 같이 시각적 재미를 줄 수 있는 소품들도 얼마든지 사용할 수 있어서, 연출이 좀 단조로운 장면에 색다른 변주로서 한 번씩 사용해볼 수 있는 기법이다.

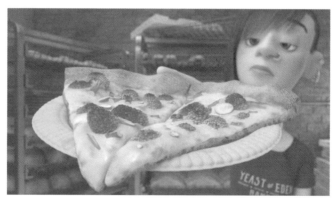

브로콜리 피자를 이용한 코미디 장면.
피자가 이 장면의 주인공임을 화면 속 피사체 크기를 보면 쉽게 알 수 있다.

〈인사이드 아웃〉 (2015)

크기를 무시하지 말라

028

"중요한 것은 화면 안에서 크게 보여야 한다."

영화를 사랑한다면 꼭 봐야 하는 영화 리스트에 항상 들어가는 〈사이코 Psycho〉(1960), 〈현기증Vertigo〉(1958), 〈새The Birds〉(1963) 등을 연출한 알프레드 히치콕의 말이다. 히치콕은 지금까지도 빈번하게 사용되는 여러 영화 기법을 발명해낸 희대의 거장이다. 관객들의 시선은 화면 안에서 가장 크게 보이는 피사체에 가장 먼저 갈 수밖에 없기 때문에, 연출가는 이를 항상 염두에 두고 카메라와 피사체를 위치해야 한다. 특별한 의도 없이 화면 안에서 크게 찍힌 물체가 있다면 관객의 시선을 방해하는 주된 요소가 될 수 있으니 주의하자.

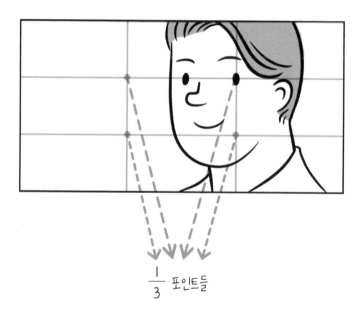

$\frac{1}{3}$ 포인트들

3분의 1 법칙으로 시작해보자

화면 안에서 피사체를 어디에 배치해야 할지 도저히 감이 오지 않는다면 3분의 1 법칙을 시작점으로 사용해보자. 사람들의 눈이 화면 속 어떤 위치에 가장 먼저, 그리고 가장 오래 머무는지 연구했는데 가로, 세로 3분의 1 라인이 겹치는 4개의 점들 근처에 시선이 머물 확률이 가장 높다는 결론이 나왔다. 물론 모든 샷을 3분의 1 법칙을 이용한 구도로 잡으라는 이야기는 아니다. 하지만 높은 비중으로 3분의 1 위치에 주요 피사체를 배치하는 것만으로도 구도에 대한 고민이 상당 부분 해결되는 경우가 많다. 특히 피사체의 눈이 3분의 1 지점에 위치한 클로즈업을 찍는다면 관객들이 피사체의 눈을 외면하기는 쉽지 않을 것이다.

아트 디렉션이 안 들어간 경우

아트 디렉션이 들어간 경우

1. 빛과 그림자가 만들어낸 대각선이 인물을 향한다.
2. 시선이 피사체를 향하도록 재배치된 연필.
3. 시선이 피사체를 향하도록 재배치된 스탠드.

화면 안 '선'에 민감하라

사람들의 시선은 무의식적으로 선을 따라 이동하는 경향이 있다. 이를 이용하기 위해 나뭇가지의 방향이 메인 피사체를 향하도록 배치한다든지, 펜스나 도로와 같이 소실점에 의한 대각선 라인이 분명하게 생기는 비주얼 요소들을 이용해 관객의 시선이 피사체로 향하도록 만들곤 한다. 픽사의 경우 최종적으로 책상 위의 연필 하나가 놓인 방향까지도 메인 피사체로 향하는 선을 고려한다. 디테일 하나하나까지도 놓치지 않으려 노력하는 픽사의 노력이 돋보이는 부분이다.

공포 영화 연출 클리셰:
항상 정체를 알 수 없는 존재가
카메라 앞을 스쳐 지나간다.

장르에 따른 촬영·편집 클리셰를 공부해보자

드라마나 로맨틱 코미디 등에서는 유독 인물의 감정이 잘 읽히는 방식으로 촬영·편집을 하고, 공포나 스릴러 영화에서는 의도적으로 관객들이 특정 정보를 명확히 알기 힘들게 연출하곤 한다. 로맨틱 코미디, 스릴러, 드라마, 공포 등 각 장르에 어울리는 연출법은 지난 100여 년 동안 꾸준히 발전·정립되어왔다. 즉, 모든 연출 기법을 '무'에서 만들어갈 필요는 없다는 의미다. 이미 만들어진 법칙들을 초석 삼아 그 위에 나만의 취향과 해석을 얹어가며 내가 전달하고자 하는 이야기에 어울리는 연출법으로 발전시켜 나가는 게 훨씬 효율적이다. 그래서 먼저, 각 장르의 연출 특징을 공부하는 시간을 어느 정도 갖는 것이 좋은 연출가가 되는 출발점이 된다.

완벽하게 균형 잡힌 화면에서만 느껴지는 안정감.
정중앙에 위치한 피사체에게서 자연스럽게 묻어나오는 존재감.

〈로얄 테넨바움〉 (2001)

■◀

정중앙의 힘

영상 제작을 막 시작한 이들은 공통적으로 기성 영화의 샷과 좀 다른 느낌의 샷을 만들고 싶은 생각에 빠진다. 당연히 필요한 마음가짐이지만 '다름'이라는 키워드에 너무 집착하다보면, 피사체가 화면 정중앙에 있는 샷을 너무 평범하게 느낀 나머지 마치 초보자들이나 찍는 쉬운 샷 정도로 폄훼하는 경우도 생긴다. 미안하지만 잘못된 생각이다. 아이돌 그룹에서 팀원 중 가장 뛰어난 이를 센터에 새우는 데는 다 이유가 있다. 화면 중앙에 위치한 피사체의 존재감은 그 어떤 것으로도 대체할 수 없기 때문이다. 중앙에 배치된 피사체가 화면을 지루하게 만든다고 생각할 필요도 전혀 없다. 〈로얄 테넨바움The Royal Tenenbaums〉, 〈그랜드 부다페스트 호텔The Grand Budapest Hotel〉(2014)등을 연출한 웨스 앤더슨Wes Anderson은 오히려 이러한 완벽한 밸런스를 자신만의 시그니처 스타일로 구축해온 감독이다. 앤더슨 영화의 샷을 자세히 들여다보면 기계적으로 좌우 대칭을 맞춘 게 아니라 시각적으로 균형은 맞추되, 소품의 디테일에 다양성을 주어 시각적 재미도 놓치지 않았음을 알 수 있다. 정중앙의 힘을 무시하면 안 된다.

화면 왼쪽에 훨씬 질량이 큰 물건이 배치되어 있지만
인물의 얼굴이 시각적 균형을 잡아주고 있다.
얼굴은 크기에 비해 시선을 끌어당기는 큰 힘을 가지고 있다.

<어느 가족> (2018)

비주얼의 무게감

같은 크기라도 어두운 색은 밝은 색보다 무겁게 느껴지고, 디테일이 많이 들어간 비주얼 요소들은 심플한 요소들보다 더 무겁게 느껴진다. 화면의 한쪽에만 어두운 소품들을 많이 배치한다면 화면의 무게감이 한쪽으로 쏠리는 느낌이 들 수 있다. 이를 상쇄하기 위해 메인 캐릭터나 비슷한 비주얼 무게를 가진 다른 요소들을 어두운 소품들의 반대쪽에 배치하는 방식으로 화면의 밸런스를 맞춘다. 화면 속 비주얼 밸런스를 맞추라는 것은 양쪽에 똑같은 물건들을 배치하라는 의미가 아니라, 시각적으로 너무 한쪽으로 무게가 쏠리는 화면을 피하라는 이야기이다.

현재 상황을 버거워하는 주인공의 심리를 효과적으로 전달하고 있는
언밸런스한 구도.

감정과 연동되는 화면의 언밸런스

일반적으로 관객들은 비주얼 밸런스가 잘 맞은 샷을 훨씬 편안하게 감상할 수 있다. 그러한 이유로 영화의 90퍼센트 이상은 시각적으로 균형 잡힌 샷으로 채워진다. 하지만 한쪽이 기울어진 화면을 의도적으로 만드는 경우가 있는데, 대부분은 인물의 불안정한 심리를 반영하기 위함이거나, 액션 장면에 다이내믹한 에너지를 불어넣기 위해서다. 하지만 프레임 속 시각적 균형을 완벽하게 맞추는 훈련을 먼저 시작하길 추천한다. 훈련이 어느 정도 된 이후 균형을 하나하나 깨 나가야 확실하게 의도를 가진 비대칭 화면을 만들 수 있다.

피사체가 아무리 작아도
화면 속 인물 시선이 한 방향으로 향하고 있다면
관객도 자연스럽게 그 시선 방향을 따라가게 된다.

035

다른 사람이 보는 방향으로
나의 눈도 향하기 마련이다

화면 속 인물들 시선의 방향은 관객의 시선 방향에 영향을 끼친다. 관객이 봐야 하는 피사체의 위치가 화면의 구석에 위치한다고 생각해보자. 화면 속 모든 인물들이 그쪽을 바라보고 있다면, 인물들의 시선에 의해 가상의 선이 생겨나 관객도 자연스럽게 그쪽을 바라보게 된다. 엑스트라 배우한 명이 한눈을 팔아 혼자만 다른 쪽을 보고 있는 경우라도 관객들은 그 엑스트라 배우를 단번에 찾을 만큼 우리의 눈은 다른 이들의 시선 방향에 굉장히 민감하게 진화해왔다.

리프레시에 도움이 되는 산책

자기 객관화 루틴을 찾아라

영상을 제작할 때면 같은 장면을 수십 번 반복해서 보는 경우가 많다. 이 과정에서 많은 영상 제작자들이 장면에 대한 객관적인 눈을 잃어버릴 수밖에 없다. 이때 과부하가 걸린 뇌를 잠시 리셋하는 자신만의 루틴이 필요하다. 어떤 편집자들은 의도적으로 전날 저녁 마무리한 작업물을 다음 날 아침 제일 먼저 다시 확인하며 하루를 시작한다. 또, 객관적인 눈을 확보하고자 간단한 커피 타임이나 산책을 통해 잠시 휴식 시간을 갖는 노력을 하기도 한다. 필자는 근무할 회사를 선택할 때, 10~20분이라도 산책을 할 공간이 근처에 있는지를 중요하게 본다. 한 가지 주의할 점은 다만 머리를 식히겠다며 영상 작업 중인 컴퓨터로 게임을 하거나 다른 영상을 보는 것은 추천하지 않는다. 리셋을 위해서는 잠깐이라도 물리적 공간을 바꾸는 게 도움되기 때문이다.

색상 대비 쇼츠

■◀

쉽고 빠른 처방약 #01:
색 대비

영화 전체가 흑백으로 촬영되었지만, 단 한 장면에서 특정 피사체만 붉은 색으로 처리한 〈쉰들러 리스트Schindler's List〉(1993), 푸른빛이 감도는 LA의 야경 앞에서 샛노랑 원피스를 입고 춤을 추는 〈라라랜드La La Land〉(2016)의 주인공 미아, 노란색 트레이닝복을 입고 무채색의 옷을 입은 적들과 대립 하는 〈킬빌Kill Bill〉(2003)의 한 장면처럼, 색을 통한 대비를 만들어내면 상 대적으로 손쉽게 관객의 눈을 피사체로 향하게 할 수 있다. 다만 색을 사 용할 때는 약간의 주의를 기울여야 한다. 통상적으로 붉은색은 따뜻함, 피, 열정, 공포 같은 느낌 등을 의미하는 경우가 많고, 핑크빛은 로맨틱, 아 기자기함, 에로틱한 분위기 등을 표현할 때 많이 사용된다. 이처럼 색에서 느끼는 관객들의 고정관념이 있을 수 있으니, 아무 색이나 무턱대고 색 대 비에 사용하면 안 된다.

움직임 대비 쇼츠

쉽고 빠른 처방약 #02:
움직임 대비

모든 군중이 왼쪽 방향으로 움직일 때 한 명의 인물만 반대 방향으로 움직이거나, 모두 바쁘게 걷고 있는데 혼자 제자리에 멈춰 선 이가 있다면, 그 움직임 대비로 인해 관객들의 시선이 한쪽으로 향하게 된다. 영상은 '움직임과 시간'이라는 동적인 요소를 표현 수단 중 하나로 사용할 수 있다는 점에서 '멈춰있는 예술still arts'인 전통 회화, 조각, 사진 등과 차별성을 가진다.

복잡한 배경 앞에 단순한 캐릭터

반복되는 패턴의 배경과 패턴을 깨는 피사체

〈센과 치히로의 행방불명〉 (2001)
〈그랜드 부다페스트 호텔〉 (2014)

■◀

쉽고 빠른 처방약 #03:
복잡도 대비

복잡함 앞에 단순함. 단순함 앞에 복잡함. 세계적 명성의 애니메이션 제작사 지브리 애니메이션을 비롯해 많은 일본 애니메이션은 디테일이 많이 묘사된 배경 위에 그와 대비되는 아주 단순한 캐릭터를 얹는 방식으로 복잡도 대비를 만들어내기로 유명하다. 일정한 패턴을 가진 복잡한 배경 앞에 그 패턴을 깨는 피사체를 배치하는 것도 '복잡도 대비'를 영리하게 잘 이용한 케이스라 할 수 있다.

하늘이라는 네거티브 스페이스를 이용해 인물이 도드라져 보이도록 만들었다.

배경이 복잡하다면 안개 등을 이용해 빈공간을 확보할 수 있다.

〈매드맥스: 분노의 도로〉 (2015)
〈비겁한 로버트 포드의 제시 제임스 암살〉 (2007)

040

네거티브 스페이스(빈 공간)의 마법

화면 속에 도드라져 보일 정도의 빈 공간이 있다고 생각해보자. 관객은 곧 누군가가 프레임에 들어와 그 자리를 채울 것이라 자연스럽게 예상한다. 이 때문에 빈 공간은 좋은 연출 도구가 되기도 한다. 네거티브 스페이스는 인물의 실루엣을 명확하게 보여줘야 하는 경우에도 적극적으로 활용된다. 〈매드맥스: 분노의 도로Mad Max: Fury Road〉(2015)의 이 장면처럼 뻥 뚫린 하늘을 배경으로 찍는 경우라면 상대적으로 쉽게 네거티브 스페이스를 확보할 수 있다. 하지만 네거티브 스페이스 확보가 여의치 않다면 안개나 연기 등을 이용해 복잡한 배경을 단순하게 만드는 방식으로 빈 공간을 만들 수도 있다. 관객의 뇌리에 강하게 남을 만한 순간을 담아야 하는 경우, 어떻게든 깨끗한 실루엣 확보를 위해 노력해야 한다. 시네마토그래피 cinematography(피사체를 촬영해 영상 이미지를 만드는 과정)는 단순히 '카메라'만 고민하는 게 아니라 피사체의 위치, 동선 등도 같이 계획하는 것이기에 영어로 'Camera & Staging(카메라와 동선) 담당'이라 부르기도 한다.

전통 영상

프레임 속 이미지만
감상 가능

VS

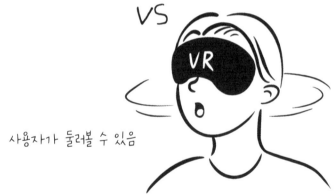

사용자가 둘러볼 수 있음

VR, AR 영상의 한계 그리고 가능성

VRVirtual Reality(가상현실), ARAugmented Reality(증강현실)은 앞서 언급했던 일반적인 영상들과 달리 '프레임'이 존재하지 않는 미디엄medium이다. 프레임의 부재는 관객에게 무언가를 선택적으로 보여주기 힘들다는 의미를 포함하기에 스토리텔링의 효율성이 많이 떨어진다. 유저가 바라보는 방향에 따라 앵글이 시시각각 변하기 때문에 프레임 속 여러 비주얼 요소들을 특정 앵글에서 가장 아름다운 구도로 배치하는 건 불가능하다. 또한 네거티브 스페이스를 효율적으로 이용하는 것이 불가능해서 관객의 콘텐츠에 대한 집중도뿐만 아니라 심미적으로 최적의 화면을 만드는 것 또한 어느정도 포기해야 한다. 반면, 관객이 자유롭게 360도 앵글을 둘러볼 수 있는 장점이 있다. 그러한 이유로 극적이고 효율적인 스토리텔링보다는 천천히 둘러보며 경험하는 콘텐츠를 만들 경우 기존 미디엄보다 더 큰 몰입을 이끌어낼 수 있다. 많은 VR 콘텐츠들이 대자연 환경을 둘러보거나 유명 박물관 체험과 같은 체험 위주가 많은 것도 그러한 이유다.

041

주방 신(scene)

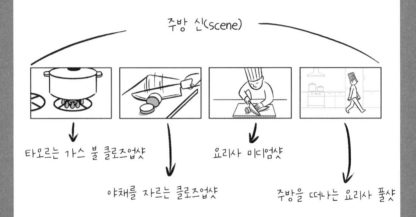

타오르는 가스 불 클로즈업샷

야채를 자르는 클로즈업샷

요리사 미디엄샷

주방을 떠나는 요리사 풀샷

샷, 신 개념

샷shot: 영상의 가장 작은 단위. 표정 변화를 섬세하게 살필 수 있는 클로즈업, 인물을 주변 환경과 함께 볼 수 있는 풀샷full shot 등과 같이 각각의 샷을 사용할 때는 분명한 목적이 있어야 한다.

신scene: 공간을 중심으로 나뉘는 단위. '주방 신'은 주방에서 일어나는 사건을 찍어놓은 여러 종류의 샷 묶음이다. 인물이 주방에서 뒷마당으로 이동한다면 이 다음 신은 '뒷마당 신'이 된다. 신 단위로 카메라 셋업과 세트 빌드 등을 진행하는 경우가 많기 때문에 제작팀에게는 꽤 중요한 단위라 할 수 있다.

니모가 아빠와 헤어지게 되는 시퀀스

■◀

시퀀스 개념

시퀀스sequence는 작은 사건의 시작과 끝이 마무리되는 단위를 말한다. 픽사의 〈니모를 찾아서Finding Nemo〉(2003)에서 아빠의 지나친 간섭에 반항심이 발동한 니모는 친구들 앞에서 무모한 행동을 하게 된다. 친구들이 지켜보는 가운데 망망대해로 헤엄쳐 나가는 객기를 부리지만, 두려움이 가득했던 니모는 이를 드러내지 않으려 노력한다. 아빠는 니모의 무모한 행동을 말리려 한다. 시야에 아빠가 들어오자 더욱 오기가 생긴 니모는 인간의 보트 옆까지 다가가 보트를 살짝 건드리며 아빠의 심기를 건드린다. 그 순간 보트 근처에서 갑자기 등장한 다이버가 니모를 낚아채고 만다. 그제야 아빠에게 도움을 청해보지만 보트는 금세 아득히 멀어지고 만다. 이처럼 작은 이야기 덩어리의 시작과 끝이 포함되어 있다면 이를 하나의 '시퀀스'라 여긴다. 일반적으로 시퀀스 안에는 여러 개의 신(공간)이 포함되어 있고, 장편영화는 보통 40~50개의 시퀀스로 구성된다.

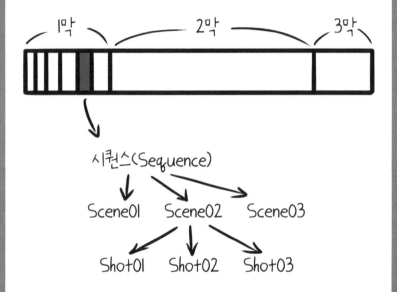

043

막(act)의 개념

1막(여정의 시작), 2막(잠깐의 성공 뒤 찾아온 절망적 위기), 3막(가까스로 위기를 극복한 뒤 영웅이 되어 고향에 돌아오는 주인공)과 같이 '막'은 영화 전체의 흐름을 한 번씩 갈무리하는 가장 큰 영상 단위라 할 수 있다. 총 40개의 시퀀스로 이뤄진 영화라 가정한다면 대략 1막에 12개의 시퀀스, 2막에 22개의 시퀀스, 3막에 6개의 시퀀스 등과 같이 구성된다. 2막이 가장 많은 시퀀스를 포함하고, 3막이 가장 적은 시퀀스를 포함하는 것이 일반적이다. 2막의 끝부분에서 주인공이 거의 극복하기 힘들 것 같던 절망을 마주하고, 3막 초반에 영화의 클라이맥스가 위치한 경우가 전형적인 장편영화 스토리 전개 방식이다.

영화 속 색의 의미 쇼츠

상징색

파란색으로 포장된 이온 음료를 보면 시원하고 청량한 느낌을 받고, 붉은색이나 녹색 스웨터를 보면 자신도 모르게 크리스마스 시즌의 따뜻함을 떠올린다. 이처럼 색은 관객의 감정에 직접적으로 영향을 주기 때문에 특정 색을 영화의 상징색으로 잘 선정하면, 그 색이 화면에 등장하는 것만으로도 관객을 순식간에 특정한 감정으로 이끌 수 있다. 〈화양연화花樣年華〉(2000)에 등장하는 붉은색은 치명적인 유혹으로 느껴지지만, 〈쉰들러 리스트〉의 붉은색은 세상에서 가장 소중히 여겨야 할 존재 같은 느낌을 자아낸다. 각각의 색이 가지고 있는 클리셰는 분명 존재하지만, 영화 속에서 그 색을 어떠한 의미로 정의했느냐에 따라 색이 가지는 의미는 얼마든지 바뀔 수 있다.

045

인물과 소품 디자인은 각각의 성격을 반영하고 있다.

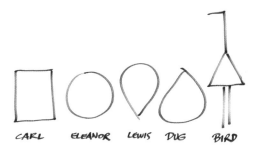

CARL ELEANOR LEWIS DUG BIRD

캐릭터의 성격을 고려해 단순한 모양에서 디자인을 시작한다.

상징 모양

픽사의 애니메이션 영화 〈업Up〉(2009)에 등장하는 할아버지 '칼'은 고집을 굽힐 줄 모르는 뻣뻣한 캐릭터다. 픽사는 인물의 성격도 '디자인'에 포함하고자 몸의 실루엣을 비롯해 그가 가진 소품들까지 모두 각진 사각형을 기반으로 캐릭터화했다. 반면 칼의 단짝 엘리는 칼과는 정반대로 자유분방하고 어디로 튈지 알 수 없는 캐릭터다. 이런 성격을 반영하기 위해 엘리와 연관된 모든 소품들은 부드러운 곡선을 기반으로 디자인했다. 〈라따뚜이|Ratatouille〉(2007)에 등장하는 안톤 이고는 모든 레스토랑 주인들이 마치 저승사자를 보듯 두려워하는 음식 비평가다. 안톤 이고의 실루엣이 마치 드라큘라와 흡사하고 그의 사무실이 관 모양인 것은 결코 우연이 아니다. 상징성을 가진 모양을 적절히 디자인에 적용하면 최소한의 대사나 연기만으로도 관객에게 인물의 성격을 효과적으로 전달할 수 있다.

046

랩터 발톱이 바닥을 톡톡 치는 동작만 봐도 긴장되던 순간

상징 행동

인물의 상징 행동(동작)을 관객들에게 확실하게 각인시키면 그 동작을 드러내는 것만으로도 인물을 드라마틱하게 스크린에 등장시킬 수 있다. 영화 〈인디아나 존스Indiana Jones〉(1984)는 시리즈 1편에서는 채찍을 허공에 휘두르는 동작을 주인공의 상징 행동으로 설정했다. 이후 이어진 모든 시리즈에서 주인공을 등장시킬 때마다 채찍질하는 동작을 먼저 클로즈업하고 이후 주인공이 어둠속에서 서서히 걸어 나오며 얼굴을 드러내는 연출을 사용해 그 등장만으로도 관객들의 기대감이 한껏 고조되도록 했다. 〈쥬라기 공원Jurassic Park〉(1993)에서는 랩터가 사냥감을 덮치기 전에 거대한 발톱으로 바닥을 탁탁 치는 습관을 상징 행동으로 잘 설정한 경우다. 덕분에 아이들이 랩터에게 쫓기는 상황을 연출할 때 랩터의 상징적인 발톱 움직임 한두 번과 공포에 질려 있는 아이들 표정 교차편집만으로도 엄청난 긴장감을 만들 수 있었다. 포스를 쓰는 다스 베이더의 손동작(스타워즈), 생명체들과 소통하기 위해 머리끝 신경 줄기를 연결하는 나비족의 행동(아바타) 등은 모두 그 동작만 보아도 관객들이 어떠한 상황인지 인지할 수 있도록 상징 행동이 관객들에게 잘 각인된 경우다.

047

컬러 스크립트 쇼츠

컬러 스크립트

프리비즈가 어느 정도 마무리되면 스토리상 주요 장면들을 선택해 프리비즈 앵글을 바탕으로 해당 장면들에 어울리는 색 조합을 찾아가는 단계가 컬러 스크립트color script다. 이 과정은 주로 아트 디렉터가 담당하는데, 주요 장면들의 광원의 위치, 컬러, 각종 건물, 소품, 의상들의 색 조합, 어떤 시간대에 촬영할 것인지 등 색의 흐름을 스토리 전개와 함께 살펴볼 수 있다는 점에서 특히 라이팅 부서에 유용한 가이드라인이 된다. 각 패널(스토리보드나 컬러 스크립트의 한 칸 이미지)을 완성도 높게 만들어내는 것보다 스토리 혹은 감정에 어울리는 색 조합들을 빠르게 파악해가는 게 우선순위이기 때문에 큼직큼직한 붓 터치를 이용해 그리는 경우가 많다.

클로즈업샷

미디엄샷

풀샷

〈겟 아웃〉 (2017)
〈타이타닉〉 (1997)
〈라라랜드〉 (2016)

크기에 따른 샷 종류

화면 속 피사체 크기에 따라 샷 종류를 구분한다.

클로즈업: 머리부터 어깨 상단까지 담아내는 샷. 얼굴에 온전히 집중하는 샷이기 때문에 표정을 통해 인물의 감정이나 중요 대사를 명확하게 전달해야 할 때 주로 사용한다. 너무 남발하면 정작 중요한 순간의 클로즈업 효과가 떨어진다.

미디엄샷: 피사체의 허리 정도까지 화면에 포함된다. 손동작부터 얼굴의 표정까지 동시에 읽히기 때문에 대화 장면에서 기본적으로 많이 사용되는 샷이다. 평소 다른 이들과 대화할 때 상대방을 바라보는 느낌과 비슷하기 때문에 편안하게 느껴진다.

풀샷: 피사체의 전신을 담아내는 경우다. 인물만 온전히 담기보다는 인물의 주변 환경까지 화면에 많이 포함하기 때문에 인물이 처한 전반적인 상황을 보여주기 적합한 샷이다. 다리 움직임까지 포함해야 하는 액션 신에서도 자연스럽게 많이 사용한다. 이 밖에도 클로즈업보다 더 가까이에서 찍는 **익스트림 클로즈업**, 미디엄샷과 풀샷의 중간인 **카우보이샷**(서부극을 찍을 때 허리춤에 걸린 총까지 포함하기 위해 만들어진 와이드한 미디엄샷), 인물보다 주변 환경이 더 중심이 되는 **익스트림 와이드샷** 등이 있다.

049

강렬한 여운을 남긴 〈살인의 추억〉(2003)의 마지막 장면 클로즈업

정면 샷에서 느껴지는 감정

피사체를 정면에 가깝게 찍을수록 관객은 화면 속 인물과 더 깊이 교감하는 느낌을 받는다. 이러한 이유로 드라마틱한 감정 동요가 일어나는 순간은 클로즈업이라도 측면보다는 정면에 가까운 장면을 사용하는 경우가 압도적으로 많다. 다만 정면에 가까운 위치에서 찍다보면 실수로 180도 라인을 넘는 경우가 종종 있으니 주의하도록 하자.

상황을 객관적으로 살펴봐야 하는 경우

피사체의 실루엣이 중요한 경우

〈모아나〉 (2016)

측면 샷에서 느껴지는 감정

일반적인 대화 신을 살펴보면 상황을 객관적으로 묘사하는 측면 투샷으로 시작해 오버 더 숄더샷over-the-shoulder shot(한 인물의 어깨너머로 상대방 모습을 포착한 장면) 그리고 대화가 점점 무르 익어갈수록 감정 교감이 중요해지기 때문에 정면에 가까운 샷으로 진행되는 경우가 많다. 특정한 동작을 깨끗한 실루엣으로 읽어야 하는 경우도 측면 샷을 많이 사용한다.

051

뒤에서 찍은 샷의 의미 쇼츠

뒤에서 찍는 샷에서 느껴지는 감정

뒤에서 찍는 샷은 마치 게임을 진행하는 것처럼 관객이 주인공을 따라가며, 주인공이 경험하는 것을 실시간으로 같이 경험하는 느낌을 만들어낼 수 있는 장점이 있다. 이러한 이유로 '다큐멘터리샷'이라는 별칭으로 불리기도 한다. 흔히 인물의 표정을 포함하지 않기 때문에 감정을 전달하기에 적합하지 않은 앵글로 생각하기 쉽지만, 극심한 절망의 감정은 오히려 축처진 어깨의 뒷모습에서 더 강하게 전달되는 경우도 많다. 〈업〉에서 엘리가 유산하고 깊은 상심에 빠진 장면이나, 물리학자 스티븐 호킹의 일대기를 다룬 영화 〈사랑에 대한 모든 것The Theory of Everything〉(2014)에서 호킹이 불치병으로 자신의 몸이 점점 굳어간다는 걸 처음 듣는 장면을 보면, 어떤 표정의 정면 샷보다 뒷모습 샷에서 그 절망감이 더 강하게 전달된다는 것을 느낄 수 있다.

052

설정샷

투샷

오버 더 숄더샷

싱글샷

〈아이리시맨〉 (2019)

가장 많이 사용되는 대화 장면 연출 패턴

①대화가 이뤄지는 공간을 보여주는 설정샷establishing Shot ②대화하는 두 사람을 측면에서 찍은 투샷two shot ③인물 각각의 오버 더 숄더샷 ④가장 중요한 표정이나 대사를 위해 사용하는 타이트한 싱글샷single shot.

이 정도 샷 배분이 전통적으로 가장 많이 사용하는 대화 장면 연출법이다. 약간의 변주로 샷 중간중간 대화의 중심이 되는 물건이나 남은 시간이 얼마 없다는 걸 보여주는 시계 초침의 움직임 같은 '인서트샷'을 넣거나, 다른 공간에서 일어나고 있는 일들과 교차시켜 번갈아 보여주는 편집을 할 수도 있다.

심리적·물리적으로 약한 모습을 그려야 할 때 자주 사용된다.

와이드 하이앵글은 주로 전반적인 상황을 보여주기 위해 사용된다.

〈해리포터와 불사조 기사단〉 (2007)
〈쉰들러 리스트〉 (1993)

하이앵글(부감, 다운샷)

하이앵글은 피사체를 위에서 아래로 내려다보는 샷으로 부감, 다운샷down shot이라고도 한다. 피사체가 신체적, 사회적, 감정적으로 약하게 그려져야 하는 경우에 많이 사용한다. 어른이 아이를 찍을 때 아이들보다 높은 위치에서 내려다보며 찍는 경우가 많아, 이때 찍힌 아이들 사진은 다운샷인 경우가 많다. 다만 배경이 많이 포함된 하이앵글 와이드샷은 심리적인 부분과 연관되기보다는 주변 상황을 좀 더 명확하게 보여주기 위한 목적으로 사용한다.

054

영웅•빌런 구분 없이 대상을 위협적인 존재로 그리고 싶다면
로우앵글을 이용해보자.

〈매트릭스〉 (1999)
〈다크 나이트〉 (2008)

로우앵글(앙각, 업샷)

로우앵글은 피사체를 아래에서 위로 올려다보며 찍는 샷으로 앙각, 업샷 up shot이라고도 한다. 하이앵글과 반대로 피사체가 신체적, 감정적, 사회적으로 우월하게 표현되어야 하는 경우에 많이 사용한다. 히어로의 등장 장면 등에서 클리셰처럼 많이 사용하는데, 이런 경우는 보통 카메라 피사체를 향해 들어가는 푸시인push-in 움직임과 함께 쓰면 피사체를 훨씬 특별한 존재처럼 만들 수 있다. 인간이 거인이나 공룡 같은 거대한 존재를 올려다보는 장면을 찍을 때도 로우앵글이 단골로 등장한다. 크기 차이를 한층 더 강조하려면 광각렌즈와 조합하는 것도 좋은 방법이다.

아이레벨에서 찍은 클로즈업을 가장 흔하게 접할 수 있다.

<존 윅 4> (2023)

아이레벨샷

아이레벨샷eye level shot은 가장 특징이 없어 보이는 앵글이지만 또 그런 이유로 가장 많이 사용되는 앵글이다. 특별한 감정을 담거나 스토리상 목적이 뚜렷해야 하는 샷이 아닌 경우는 대부분 아이레벨 근처의 샷을 사용한다. 이때 피사체의 눈 위치를 앞서 언급했던 3분의 1 라인 정도로 맞추면 크게 흠잡을 데가 없는 샷이 된다. 타이트한 클로즈업의 경우 눈을 3분의 1 라인에 맞추다보면 이마 상단이 좀 잘리는 경우가 생기는데 그래도 괜찮다. 타이트한 샷에서 억지로 헤드룸head-room(피사체의 머리 위와 화면 사이즈의 천장 사이 여백을 가리키는 말)을 만들기 위해서 눈 위치가 화면의 너무 하단에 위치하게 찍는 실수를 하는 경우도 종종 보는데 헤드룸보다는 눈의 위치가 더 중요하다.

056

버드 아이 뷰 쇼츠

버드 아이 뷰

버드 아이 뷰bird's eye view는 말 그대로 새의 눈으로 바라보듯이 찍은 샷, 즉 하늘 높이에서 내려다본 앵글에서 찍은 에어로샷aero shot을 의미한다. 고층 빌딩의 전망대나 비행기가 이륙할 때 창밖을 내려다보면 평소에는 거대하게 보이던 고층 건물도 마치 장난감처럼 보이는 생경한 경험을 한다. 버드 아이 뷰는 하나의 신에서 다른 신으로 전환할 때 공간 변화를 명확히 보여주기 위해 흔하게 사용한다. 하지만 이 흔한 샷도 영화 〈시카리오: 암살자의 도시Sicario〉(2015)에서 멕시코와 미국 사이에 길게 늘어진 국경선을 보여주는 연속된 버드 아이 뷰 샷들에서는 강렬하게 다가온다. 이 샷들은 단순히 공간을 전환하기 위해 사용한 느낌을 넘어 묘한 앰비언트 Ambient 사운드와 어우러져 마치 '신의 시점에서 이곳을 바라보면 이런 느낌일까?'와 같은 상상을 자극하는 효과까지 만들어낸다.

057

눈에서 흘러내리는 눈물과 안도하는 마음에
살며시 올라가는 입꼬리가 동시에 보여야 했던 장면.

■◀

아껴야 빛이 난다, 카메라 플랜

와이드샷이 있어야 클로즈업이 빛나고 서서히 움직이는 카메라 움직임이 있어야 빠른 카메라 움직임이 더 역동적으로 느껴진다. 특별한 순간을 드라마틱하게 연출하기 위해서는 특정 샷, 특정 카메라 움직임, 특정 렌즈 값 등을 그 순간을 위해 아껴놓아야 하는데, 이는 프로덕션이 시작되기 전에 미리 계획해놓지 않으면 하기 힘든 연출이다. 예시로 든 이미지는 픽사 애니메이션 〈인사이드 아웃Inside Out〉(2015) 엔딩 시퀀스 중 한 샷이다. 라일리가 기쁨과 슬픔이라는 양가감정을 동시에 느낄 정도로 성장했다는 걸 미묘한 표정 변화를 통해서만 전달해야 하는 중요한 순간이다. 관객도 이 장면을 통해 라일리의 성장을 느낄 수 있길 바랐기 때문에 제작 초반부터 영화 전체를 통틀어 이 순간을 가장 가까이에서 찍은 클로즈업으로 찍자고 계획했다. 이전에 등장한 모든 클로즈업들은 이 정도로 피사체를 크게 담지 않고 아껴두었던 것이다. 이야기에서 중요한 순간을 특별하게 그리기 위해 꼭 필요한 카메라 움직임 혹은 앵글을 아껴놓는 연출은 뭔가 잘 정돈되어 보이는 영화들의 숨겨진 '꿀팁'이다.

058

화면에 깊이를 줄 수 있는 구도

2D 이미지에 원근감을 넣으려는 노력은 회화, 사진 등과 같이 수백 년간 이어온 전통 예술을 통해 꾸준히 진행되었다. 그 과정에서 이미지에 근경 Foreground—중경Midground—원경Background라는 레이어를 만들면 자연스럽게 화면에 깊이감이 생긴다는 걸 발견했다. 특히 근경, 즉 카메라 가까이에 위치한 요소들은 사람들의 눈이 어디로 향하도록 할 것인지 직접적 영향을 끼치는 특히 중요한 레이어다. 여기서 주의할 점은 근경, 중경, 원경에 위치한 부수적인 비주얼 요소들이 관객이 꼭 봐야 하는 주요 피사체보다 더 눈에 띄면 안 된다는 점이다. 화면의 깊이를 위해 근경이 필요하지만 깔끔하게 정리하기 힘든 경우, 근경 요소들을 어둡게 처리하거나 포커스 아웃out of focus으로 흐릿하게 표현하는 경우가 많다.

059

오버 더 숄더샷 쇼츠

오버 더 숄더샷의 역할

오버 더 숄더샷은 화면 앞에 걸쳐 있는 어깨는 자연스럽게 근경의 역할을 하기 때문에 입체감 있는 화면을 만드는 데 도움이 된다. 뿐만 아니라 인물 간 관계를 묶거나 해체하는 도구로서도 유용하게 사용할 수 있는 점도 기억하면 좋다. 왼쪽 QR코드 링크 영상에는 〈라라랜드〉에서 서로에게 소원해진 두 연인이 관계 개선을 위해 마음먹고 준비한 저녁 식사 장면이 나온다. 대화 초반 서로 예를 갖추며 대화를 이어갈 때는 오버 더 숄더샷을 사용해 둘의 관계가 어느 정도 이어진 느낌을 주지만, 시간이 흘러 대화가 점점 틀어져 다툼으로 변해가는 순간부터는 싱글샷으로 샷 종류가 변하며 서로의 연결점이 끊어져버린 느낌을 만들어낸다.

'어깨'보다는 '손' 부근에 걸쳐 찍은 랄프의 오버 더 숄더샷

오버 더 숄더샷, 어디를 걸쳐 찍을 것인가?

인간 형상의 피사체를 이용해 오버 더 숄더샷을 찍을 때는 차라리 쉽다. 기존에 잘 찍어놓은 좋은 예제 영상들이 넘쳐나기 때문에 약간의 자료 조사만으로도 어느 정도 괜찮은 프레임을 만들어낼 수 있기 때문이다. 반면 애니메이션 캐릭터나 〈스타워즈Star Wars〉 시리즈 등에 나오는 독특한 형상의 크리쳐creature를 이용해 오버 더 숄더샷을 찍고자 한다면 서로 대화를 나누고 있는 캐릭터들 사이의 크기 차이는 어느 정도인지, 캐릭터의 어느 부위를 걸쳐 찍는 것이 캐릭터의 특징을 살릴 수 있는지 등 더 많은 연구가 필요하다. 〈주먹왕 랄프Wreck-It Ralph〉(2012)의 랄프는 인간에 비해 엄청나게 거대한 크기의 주먹을 가지고 있고, 랄프가 주로 대화를 나누는 상대는 랄프의 3분의 1 정도 크기의 작은 캐릭터인 경우가 많다. 이 경우 만약 전통적인 방식인 '어깨'에 카메라 걸쳐 찍는 방식으로 접근하면 상대방 피사체가 화면 안에서 너무 작게 표현될 가능성이 높고 랄프의 특징도 살리기 힘든 앵글이 되고 만다. 이러한 이유 때문에 랄프를 이용한 오버 더 숄더샷은 대부분 어깨가 아닌 '주먹'에 걸쳐 찍는 방식을 많이 사용했다. 캐릭터의 특징을 고려한 전형적 오버 더 숄더샷의 예이다.

061

목 길이, 어깨 라인 등을 가늠하기 힘들다.

프레임 바깥 신체 비율을 가늠할 수 있다.

나머지 부분이 연상될 수 있도록 잘라라

전신이 모두 포함되는 풀샷이 아닌 이상, 화면 구도를 잡다보면 피사체의 신체 일부가 프레임에 의해 가려진다. 이때 주의해야 할 점이 있다. 바로 프레임 바깥에 있는 신체가 연상될 수 있도록 프레이밍Framing해야 한다는 점이다. 클로즈업이나 오버 더 숄더샷 등을 찍을 때 목에서 자르게 되면 목이 어느 정도 긴 캐릭터인지 알기 힘들다. 목에서 이어지는 어깨 라인까지 살짝 프레임 안쪽에 포함시켜, 관객이 나머지 부분을 자연스럽게 연상할 수 있도록 해준다. 피사체를 찍을 때 발목 근처에서 자르는 구도를 사용하지 말라고 하는 것도 마찬가지 이유다. 발목보다는 정강이나 허벅지 근처에서 자르는 게 훨씬 안정적인 느낌을 주고, 아예 발까지 다 포함하는 풀샷으로 찍는 것도 좋은 방법이다.

062

신뢰가 가는 피드백을 주는 이들을 소중히 해라.
흔히 만날 수 있는 인연이 아니다.

믿을 만한 조언을 해주는 사람을 곁에 두어라

온·오프라인 관계없다. 내가 믿을 만한 피드백을 주는 이들을 항상 곁에 두려 노력해라. 하나의 영상을 완성하기까지는 오랜 시간이 소요된다. 영 상을 만들어가는 창작자 본인은 같은 장면들을 수십 번 반복해서 볼 수밖에 없기에 객관적 평가를 내리기 힘들어질 때가 온다. 이때가 내가 믿을 만한 이들로부터의 피드백이 절실해지는 순간이다. 물론 모든 피드백을 다 받아들일 필요는 없지만, 이들과 이야기하는 과정에서 객관적 시각을 어느 정도 회복할 수 있다는 점만으로도 감사해야 한다. 다만 잘못된 피드 백은 오히려 올바른 판단을 방해하는 노이즈가 되는 경우도 있어서, 나의 결과 너무 맞지 않는 이들의 피드백은 피하는 게 좋다.

인서트샷 쇼츠

아무려면 어떤가?
인서트샷

인서트샷은 주로 관객이 놓치면 안 되는 정보를 꼭 집어 보여주는 용도로 사용하는 경우가 가장 많다. 명찰에 적힌 이름을 명확하게 볼 수 있도록 클로즈업 한다든지, 경찰이 도착하기 전까지 시간이 얼마 남지 않았음을 강조하기 위해 시계를 클로즈업하는 장면 등이 대표적인 인서트샷의 사용법이다. 정보 전달 이외에도 자동차 기어를 빠르게 바꾸는 손을 클로즈업하는 예처럼, 특정 동작을 강조함으로써 좀 더 리듬감 있는 편집을 위해서도 사용한다. 이처럼 인서트샷은 영화를 더욱 영화처럼 만들어주는 샷인지라, 많은 영상 입문자들이 이 샷에 집착하는 단계를 거친다. 그러한 이유로 'Film School Student Shot(영화학교 학생 샷)'이라는 약간 조롱이 섞인 별칭으로 불리기도 한다. 하지만 아무려면 어떤가? 본인만의 창의력을 펼치기 가장 좋은 샷 중 하나이기 때문에, 독창적인 인서트샷을 찍고 이런저런 방식으로 재밌게 편집해보는 시간을 충분히 가져보길 바란다.

064

객관적 상황을 보여주고자 한다면 와이드샷

인물의 감정을 느끼고자 한다면 POV샷

관객을 캐릭터 안으로 끌어들여라!
POV샷

시점샷point of view shot을 의미하는 POV샷은 관객을 캐릭터 안으로 끌어들이는 역할을 한다. 주인공이 자신을 배신하고 적과 내통하고 있는 친구의 모습을 발견하는 신을 찍는다고 가정해보자. 어떤 종류의 샷으로 그 장면을 보여줘야 감정을 가장 생생하게 담아낼 수 있을까? 정보와 상황을 명확하게 보여줄 수 있는 와이드샷도 후보가 될 수 있겠지만, 주인공의 '시점'에서 그 장면을 목격하게 하는 것은 어떨까? 관객을 캐릭터 안으로 끌어들인다는 말은, 관객들이 얻을 수 있는 정보의 양을 영화 속 인물과 같은 수준 정도로 제한한다는 의미이기도 하다. 일반적으로 관객들은 와이드샷이나 다양한 앵글의 샷을 통해 영화 속 인물보다 더 많은 정보를 알고 있기 마련이다. 공포·스릴러 영화 등에서는 POV샷을 많이 사용해 관객들이 얻을 수 있는 정보를 제한하는 경우가 많다. 이렇게 POV샷으로 정보가 제한되면, 관객들 역시 영화 속 인물과 마찬가지로 앞으로 무슨 일이 일어날지 알 수 없기 때문에 더욱 긴장감이 고조되는 경험을 하게 된다.

065

시간을 압축하는 연출법

몇 초 안에 시간 흐름을 담아낼 수 있는 법

'컷 편집'이 발명된 이후 관객은 이야기를 더 빠르고 압축적으로 경험할 수 있게 됐다. 이를 더 극단적으로 끌어올린 편집 기법이 바로 '점프컷'이다. 시간을 압축하는 점프컷이 제대로 작동하려면 몇 가지 주의 사항이 있다. 첫째, 빛이 눈에 띄게 변하는 샷들을 이어 붙여야 시간 흐름을 읽기 좋다. 둘째, 애매하게 연결되는 샷들보다는 아예 동작이 툭툭 끊기는 느낌을 강하게 만들어야 의도된 점프컷처럼 느껴진다. 마지막으로, 카메라 앵글은 같은 앵글을 유지하면 더 끊기는 느낌을 만들 수 있기에 점프컷을 만들기에 용이하다. 시간을 압축하는 또 하나의 방법은 '타임랩스time lapse'다. 10초나 15초 간격으로 한 장씩 인터벌 사진을 찍은 뒤 초당 24 프레임으로 재생하면 빠르게 흘러가는 구름이나 달이 떠오르고 지는 모습을 단 몇 초 안에 보여줄 수 있다.

4분 30초 동안 대사 한 마디 없이 스토리 & 감정을
성공적으로 전달했던 〈업〉의 몽타주 장면.

대사에 너무 의존하지 마라

대사에 너무 의존하는 순간, 화면 연출에 게을러지기 쉽다. 영상 연출을 연습하는 초반에는 대사가 아예 없는 1분짜리 영상을 비주얼과 사운드 이펙트만 이용해 연출해보는 것도 비주얼 스토리텔링을 연습하는 데 큰 도움이 된다. 대사 한 마디 없이도 원하는 이야기와 감정이 충분히 전달되는 영상을 만들 수 있게 되었다면, 이제 최소한의 대사를 추가해보자. 이미 잘 짜인 영상 위에 상황에 딱 맞는 대화가 곁들여진다면 마치 살아 움직이는 듯한 생동감이 부여될 것이다.

067

180도 법칙 #01 쇼츠

180도 법칙 #02 쇼츠

180도 법칙이 존재하는 이유

180도 촬영 법칙은 대화 혹은 액션이 진행되는 동안 왼쪽에서 오른쪽을 바라보던 인물은 샷이 변해도 항상 같은 시선 방향을 유지하게 하고, 그 반대편 인물의 시선 방향도 일관성이 유지되도록 도와준다. 먼저 두 피사체 혹은 그룹 사이에 가상의 라인을 하나 긋는다. 그리고 그 라인의 한쪽 영역을 결정해 촬영을 시작하고, 카메라 위치를 바꾸더라도 같은 영역 안쪽에서만 카메라 위치가 유지되면 화면 속 피사체의 방향성은 항상 일정하게 유지되는 원리다. 촬영 중간에 카메라가 반대쪽 영역으로 넘어가면 화면 속 피사체의 방향이 180도 뒤집히기 때문에, 대부분의 스포츠 방송도 180도 라인의 한쪽 영역에서만 카메라 여러 대를 설치하고 중계를 진행한다. 예를 들어 A 카메라에서는 왼쪽에서 오른쪽으로 공격하는 한국팀이 나왔는데, 다른 B 카메라로 화면이 전환되자 오른쪽에서 왼쪽으로 공격하는 한국팀이 나온다면 시청자들은 중계 카메라가 전환될 때마다 혼란스러울 수밖에 없다.

068

📹 180도 법칙, 왜 지켜야 할까?

영화 몰입을 방해하는 요소들은 우리 주변에 흘러넘친다. 연출가가 모든 방해 요소들을 컨트롤 할 수는 없겠지만 적어도 화면 속에 존재할 수 있는 방해 요소들은 최대한 걷어내려 노력해야 한다. 180도 법칙을 지키는 것은 관객에 대한 기본 예의 정도로 생각하면 좋다. 물론 법칙을 지키지 않아도 이야기를 이해하는 이들도 있다. 하지만 약간만 더 신경 써 찍으면 더 많은 관객들이 장면에 몰입할 수 있기에, 법칙을 깨면서 굳이 불편함을 관객들에게 전가할 필요는 없다. 촬영 공간의 물리적 한계나 특별한 의도가 있어서 180도 법칙을 깨는 경우가 아니라면, 연출자의 게으름 혹은 무지 때문에 관객들이 혼란스럽고 불편한 영상을 보게 될 수도 있다. '가게 주인이 불편을 감수하면 손님들이 맛있는 음식을 먹어요'라는 방송인 백종원의 명언은 영상 연출에도 적용된다.

069

180도 법칙을 깨는 경우들 쇼츠

180도 라인을 넘어갈 수 있는 몇 가지 경우

①공간에 대한 혼돈을 주기 위해 의도적으로 점프컷처럼 사용하는 경우.
②카메라를 움직여서 라인을 넘어가는 경우. ③중립샷neutral shot(화면에서 방향성이 거의 보이지 않는 샷을 말한다. 이 중립샷을 적어도 1초 이상 사용해서 180도 법칙이 바뀌는 두 샷 사이에 끼워서 넣어주면, 자연스럽게 연결된다. 이때 중립샷은 말 그대로 '중립' 즉, 인물을 완전히 정면이나 후면에서 찍은 샷을 말한다)을 이용해 넘어가는 경우.

많은 주변 정보가 포함된 장면보다 프레임, 렌즈, 조명 등을 통해
필요한 정보만 들어 있는 샷이 훨씬 흡인력이 있다.

〈수어사이드 스쿼드〉 (2016)

뺄셈에 익숙해져라

어떤 제한 없이 자유롭게 보는 세상보다 여러 영화적 장치를 통해 제한된 정보를 극적이고 정제된 방식으로 볼 때, 더 시네마틱(영화 같은)한 느낌을 받는다. 관객은 프레임이라는 장치 때문에 연출자에 의해 선택된 정보만 집중해서 볼 수밖에 없고, 낮은 심도의 시네마 렌즈는 포커스가 뚜렷하게 맞은 피사체에만 몰입하도록 만든다. 무언가를 더 많이 넣을수록 영화적 경험이 더 풍부해질 거라 착각하는 경우를 종종 본다. 아니다. 오히려 무엇을 뺄 것인지 고민하는 게 영화 연출을 할 때는 더 중요하다. 뺄셈에 익숙해지자.

071

뇌리에 남아 있는 아이코닉한 장면에는
카메라 움직임이 없는 경우가 많다.

〈엑소시스트〉 (1973)
〈원스 어폰 어 타임 인 아메리카〉 (1984)
〈그래비티〉 (2013)

쓸데없는 카메라 움직임을 버려라

샷 연출에 익숙하지 않은 사람일수록 손에 들린 카메라가 부담스럽다. 무언가라도 해야겠다는 조급한 마음에 카메라를 이리저리 움직이며 아무 의미 없는 카메라 움직임을 만들지만, 이런 움직임이 영화 연출에 큰 위험 요소가 될 수 있다. 의미 없이 사용된 카메라 움직임들 때문에 정작, 힘주어 찍은 중요한 카메라의 움직임이 별 강렬함 없이 그냥 지나가는 장면이 되기 때문이다. 아이러니하게도 어떤 카메라의 움직임이 특별해지려면, 그와 대비되는 움직임이 없는 장면들이 꼭 있어야 한다. 우리가 기억하고 있는 명작들의 결정적 장면은 카메라가 움직이기보다는 오히려 움직임이 자제되어 있는 경우가 훨씬 많다. 카메라의 움직임은 화면에 생동감을 주지만, 관객의 머리에 강하게 각인되는 하나의 이미지를 만드는 데는 오히려 카메라 움직임이 없는 샷들이 훨씬 유리한 경우가 많다.

072

카메라가 움직여야 하는 경우들 쇼츠

카메라 움직임은 언제 필요할까?

①관객이 놓쳐서는 안 되는 정보를 강조할 때. ②서서히 감정이 고조되는 분위기를 만들어갈 때. ③카메라 움직임을 통해 프레임 밖에 위치한 새로운 정보를 관객들에게 드러낼 때. ④액션 신과 같이 넘치는 에너지가 필수인 장면들에 박진감을 불어넣어야 할 때. ⑤POV샷을 포함해 카메라 자체가 하나의 캐릭터를 대변할 때. ⑥롱테이크long take(길게 찍기)처럼, 컷을 이용한 연출과 차별화되는 영화적 경험을 만들어내고자 할 때.

 Pan: 좌우 움직임

 Tilt: 위아래 움직임

 Roll: 양옆으로 기울이는
움직임

가장 많이 사용되는 근본 카메라 움직임

카메라를 좌우로 움직이는 팬pan, 위아래 방향으로 움직이는 틸트tilt, 카메라를 옆으로 기울여 찍는 롤roll은 모두 카메라가 삼각대 위에 고정된 상태에서 삼각대 헤드만 움직이는 방식으로 만드는 움직임이다. 그 때문에 최적의 팬, 틸트 움직임을 만들려면 삼각대 위치를 매우 신중하게 선정해야 한다. 일단 삼각대만 최적의 위치에 배치하면 가장 간결하게 만들어낼 수 있는 카메라 움직임이다 보니, 거대한 카메라 크기 때문에 기동성이 떨어지던 시절의 영화들에서는 팬, 틸트가 전체 카메라 움직임의 90퍼센트 이상을 차지하곤 했다. 언뜻 간단해 보이는 샷이지만 절대 대충 찍어서는 안 된다. 팬, 틸트샷의 완성도만으로도 거장의 작품인지 판단이 될 만큼, 카메라의 위치 선정 능력, 렌즈 선택 능력 등과 같은 시네마토그래피 기본기가 가장 여실히 드러나는 부분이 카메라 움직임이기 때문이다.

074

돌리

트랙

최신 돌리와 트랙 시스템은 무선으로 조종 가능한 경우가 많다.

피사체와 함께 움직이기 시작하는 카메라

기술 발전에 따라 카메라 크기가 작아지자 연출가들은 카메라가 삼각대에서 벗어나 카메라가 피사체와 함께 움직일 수 있을지 고민하기 시작했다. 가장 먼저 개발된 방식은 돌리dolly와 트랙dolly track이라는 움직임이었다. 초기 '돌리'는 제작비가 넉넉지 않은 영화과 학생들이 마트에서 쓰는 카트 위에 카메라를 올려, 카트를 움직여가며 찍는 방식과 거의 유사한 시스템이었다. 바퀴 달린 카트 위에 카메라와 카메라 오퍼레이터가 함께 탑승해 촬영하는 방식으로 완벽하게 평평한 바닥이 아니더라도 피사체를 따라가며 촬영하는 게 가능했다. 현대식 돌리는 잔진동을 잡아주는 스태블라이저stabilizer나 작은 크레인 격인 지미집jimmy jib까지 부착할 수 있는 형태로 발전했고, 피사체를 단순히 따라가는 것 이상의 복잡한 샷을 만들 수 있게 해주었다. 한편 '트랙'은 카메라가 움직임 방향으로 열차 선로와 같은 트랙을 까는 것이다. 대부분의 지표면은 평평하지 않기에 수평을 맞춰가며 트랙을 바닥에 설치하는 것은 상당한 시간이 소모된다. 하지만 일단 트랙이 깔리면 울퉁불퉁한 지표면에서 움직이는 돌리와 비교되지 않을 정도로 훨씬 부드러운 움직임을 만들어낼 수 있다. 뿐만 아니라 정확하게 같은 트랙을 따라 카메라가 움직이기 때문에 같은 동선을 여러 번 반복해서 찍을 수 있는 장점도 있다.

075

촬영 트렌드를 공부해야 하는 이유 쇼츠

피사체의 숨결이 느껴질 정도로 가까워진 카메라

최근 20년 내에 촬영 분야에서 가장 큰 변화는 시네마 카메라의 초소형화다. 돌리가 들어가기 힘들 정도로 좁은 공간에서 피사체를 한참 동안 따라가며 근접 촬영할 수 있게 한 스테디캠steadicam, 굳이 헬리콥터를 띄우지 않아도 그럴듯한 에어로샷을 찍을 수 있도록 해준 드론샷, 카메라를 피사체에 부착해 관객들이 피사체 그 자체가 되는 경험을 선사한 액션캠샷 등 카메라의 초소형화는 생각보다 새로운 비주얼 스토리텔링에 큰 영향을 끼치고 있다. 새로운 종류의 샷들을 모두 사용할 필요는 없지만, 현시점에 그 장비들로 어떤 수준의 촬영까지 가능한지 정도는 알고 있어야 표현 가능성의 한계를 가늠할 수 있다. 평소 카메라의 기술 발전도 꾸준히 관심을 가지고 팔로우해보자.

076

조금만 검색하면 연출 연습용 시나리오를 온라인에서 많이 찾을 수 있다.

'연출'만 연습해보고 싶다면…

'연출 연습 시작하려면 일단 내 스토리가 있어야 하는 것 아닌가요?'라고 묻는 분들이 종종 있다. 답은 '아니오'다. 〈소셜 네트워크The Social Network〉(2010), 〈조디악Zodiac〉(2007), 〈세븐Seven〉(1995) 등으로 유명한 데이비드 핀처David Fincher 같은 거장도 대부분 베스트셀러 소설이나 원작이 있는 이야기를 기반으로 영화를 연출해왔다. 직접 쓴 이야기보다는 이미 있는 완성도 높은 이야기에 기초해 집착에 가까울 정도의 디테일한 연출로 관객을 몰입시켰다. 그래서 '연출 연습의 출발점 = 시나리오 쓰기'라는 공식은 성립하지 않는다. 'Film Script(영화 스크립트)', 'Film Scenario(영화 시나리오)' 등으로 구글에서 검색하면 무료로 공개된 기성 영화 스크립트가 많이 나온다. 마음에 드는 영화의 몇 페이지만 프리프로덕션을 하고 연출에 집중해 만들어보자. 물론 그 시나리오를 바탕으로 나온 기성 영화는 보지 않기를 바란다. 보면 나도 모르게 이미 만들어진 영화의 연출을 그대로 흉낼 가능성이 높기 때문이다.

077

푸시인 쇼츠

■� ◄

집중하게 만드는 움직임,
푸시인

돌리, 트랙, 스테디캠 등 촬영 기법과 상관없이 카메라가 피사체를 향해 서서히 들어가는 움직임을 '푸시인push-in'이라 부른다. 대화 장면에서 카메라 움직임 없이 샷이 진행되다가 특정 순간부터 푸시인 움직임을 시작하면 그 순간을 기점으로 긴장감이 자연스럽게 고조된다. 특정 소품을 향해 카메라가 푸시인한다면 마치 '이 소품은 꽤 중요한 복선이 될 수 있으니 꼭 기억해야 합니다'라는 것처럼, 정보를 강조하기 위한 목적으로 활용된다. 또한 빠른 속도로 인물을 향해 푸시인하는 경우는 코믹한 장면이나 히어로의 등장 장면을 연출할 때 도움이 되기도 한다. 이처럼 푸시인은 이렇게 단순한 움직이지만 비주얼 스토리텔링 도구로써 굉장히 다양하게 사용되는 카메라 연출법이다. 푸시인할 때는 카메라가 피사체 미간보다 조금 아래인 눈과 눈 사이의 위치를 향해 들어가도록 해야 온전히 피사체를 향해 들어가는 느낌을 만들 수 있다는 점도 하나의 팁으로 남긴다.

078

풀백 쇼츠

카메라로부터 멀어지는 움직임, 풀백

푸시인과 정반대로 피사체로부터 카메라가 점점 멀어지는 모든 종류의 움직임을 통칭해 풀백pull-back이라 부른다. 푸시인이 피사체에 점점 집중하게 만드는 움직임인 반면, 풀백은 화면에서 점점 작아지는 피사체가 홀로 남겨지는 느낌, 혹은 어떤 이벤트가 마무리되고 다음 공간이나 다음 이야기로 넘어가기 위해 갈무리하는 느낌을 만들어내는 샷이다. 축 처진 피사체의 뒷모습을 보여주는 앵글과 카메라 풀백 움직임을 조합하면 관객들이 피사체에게 느끼는 연민의 감정은 배가 될 것이다. 풀백은 카메라가 피사체 가까이에서 점점 멀어지며 더 많은 공간을 보여주기 때문에, 피사체를 둘러싼 주변 상황을 드라마틱하게 드러내기 위한 움직임으로 사용되기도 한다.

079

롱테이크샷 쇼츠

롱테이크샷의 의미

컷 편집을 이용한 스토리텔링은 축복이라 해도 과언이 아닐 정도로 경제적인 동시에 드라마틱한 이야기 전달을 가능하게 했다. 하지만 이러한 축복을 거부하는 연출 방식이 하나 있는데 바로 '롱테이크샷'이다. 짧으면 1분 정도부터 우주 재난 영화 〈그래비티Gravity〉(2013)의 오프닝샷과 같이 무려 15분 넘는 길이까지, 오로지 카메라와 배우들의 움직임으로만 구도에 변화를 주며 이야기를 전달하는 샷이다. 그렇다면 왜 어떤 연출자들은 컷 편집이 제공하는 극강의 효율성을 버리고 롱테이크샷을 선택할까?

가장 중요한 이유는 '현장감'이다. 컷을 사용하면 시공간이 편집되었다는 걸 관객들도 당연히 느낀다. 반면 컷이 전혀 없다면 화면 속에서 흐르는 시간과 영화를 감상하는 관객의 시간이 정확하게 일치한다. 그래서 같은 사건을 함께 경험하는 느낌을 더욱 강하게 줄 수 있다. 이러한 이유로 〈1917〉(2019)과 같이 끔찍한 참호전을 다룬 전쟁 영화나 설원에서 펼쳐지는 처절한 생존의 순간을 그린 〈레버넌트: 죽음에서 돌아온 자The Revenant〉(2015), 〈그래비티〉처럼, 관객이 화면 속 인물의 역경을 함께 느끼길 바라는 작품들에서 롱테이크샷이 많이 사용된다.

감정이나 정보를 받아들이기 충분한 길이인가?

일반적으로 정지된 샷보다 움직이는 샷이 관객에게 같은 양의 정보나 감정을 전달하는 시간이 더 길다. 물론 퀵줌quick zoom, 푸시인 등과 같이 카메라 움직임을 통해 특정 피사체를 강조하는 경우, 정지된 샷보다는 움직이는 샷이 더 빨리 필요한 정보나 감정을 전달하는 등의 예외도 있긴 하다.

관객이 화면 속 정보를 충분히 인지할 수 있는 시간을 주려고 하나의 샷에서 너무 오래 머무는 편집 또한 경계해야 한다. 영상을 지루하게 만드는 주요 원인이 되기 때문이다. 결국 편집 감각은 특정 정보나 감정 전달을 위해 어느 정도의 샷 길이가 적절한지 판단하고, 몰입감 있는 영상 리듬감을 만들 수 있느냐가 중요하다. 또한 이는 영상을 찍고, 편집하고, 해체하고, 재편집하는 과정에서 훈련되는 감각에 가깝다. 텍스트만으로 영상 연출을 익힐 수 없는 이유다.

40~50mm 렌즈로만 세상을 바라보는 인간의 시야

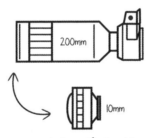

필요에 따라 눈을 바꿀 수 있는 카메라

렌즈를 통해 보는 세상에 익숙해져라

우리는 렌즈 값으로 환산하면 40~50mm(35mm 필름 기준) 정도에 해당하는 시야로 세상을 봐왔다. 그래서 공간이 압축되는 느낌으로 찍히는 200mm 망원렌즈로 본 이미지나, 실제보다 훨씬 넓게 펼쳐져 보이는 12mm 광각렌즈를 통해 이미지를 볼 때면 낯섦에서 오는 신선함을 느낀다. 표현하고 싶은 장면에 어울리는 렌즈를 선택하는 것은 샷 연출의 핵심 요소 중 하나이고, 올바르게 선택하려면 평소에 다양한 렌즈를 통해 찍힌 이미지들에 익숙해져야 한다. 가장 추천하는 훈련법은 렌즈를 교환할 수 있는 카메라로 사진을 찍는 취미를 갖는 것이다. 여러 장소와 피사체를 다른 종류의 렌즈를 통해 바라보는 습관을 갖고, 여기에 약간의 이론 공부가 결합되면 자연스럽게 스토리에 어울리는 렌즈를 판단할 수 있는 감각이 길러질 것이다.

광각렌즈 쇼츠

광각렌즈의 특징

①눈으로 보는 것보다 훨씬 넓게 찍히는 화각. 일반적으로 12mm, 18mm, 21mm, 27mm 등과 같이 30mm 이하의 화각이 광각렌즈로 영역으로 정의된다.

②주변부에 왜곡이 생기기 때문에 멋지게 표현해야 하는 주요 피사체를 화각의 주변에 배치하는 걸 피한다.

③렌즈에 가까이 있는 피사체는 실제보다 더 크게, 멀리 있는 것은 더 작게 찍히는 특징이 있다. 그래서 공간을 더 넓게 찍고 싶을 때나 액션 장면을 다이내믹하게 찍고 싶을 때 많이 사용한다.

④인물을 찍을 경우 피사체를 가까이에서 찍어야 하는 경우가 많기 때문에 더 생동감이 느껴진다.

망원렌즈 쇼츠

망원렌즈의 특징

①85mm, 105mm, 200mm 등과 같이 75mm 이상의 영역은 망원렌즈로 구분된다.

②실제 눈으로 보는 것보다 공간이 압축되어 보이고, 포커스 영역에서 벗어난 부분들은 흐릿하게 보인다. 포커스에서 벗어난 영역에 작은 광원이 있을 때 보케Bokeh라 부르는 빛 망울이 생기는데 맨눈으로는 보기 힘든 광학 현상이라 몽환적인 느낌을 만들기도 한다. 보케의 형상은 렌즈의 종류에 따라 달라진다.

③포커스가 맞는 영역이 좁기 때문에 사람들이 많이 지나다니는 도시의 거리 등에서도 주요 피사체만 분리해서 보여주는 연출을 할 수 있다.

④주변부 왜곡 현상이 없기 때문에 피사체를 아름답게 담아야 하는 웨딩 사진이나 뷰티샷(피사체가 아름답게 보여야 하는 샷) 등에서 애용된다.

⑤피사체와 멀리 떨어져서 찍어야 하기 때문에 객관적인 위치에서 살펴보는 느낌이 들지만, 생동감은 광각렌즈를 이용해 가까이에서 찍은 경우보다는 덜하다.

영화 전체를 대부분 40mm 렌즈로 찍은 〈1917〉

표준렌즈의 특징

35mm, 40mm, 50mm 렌즈 등과 같이 사람 눈과 가장 흡사한 화각을 표준렌즈로 정의한다. 우리에게 가장 익숙한 화각이기 때문에 유별난 광학적 특징 없이 편안하다는 점이 강점이다. 이러한 이유로 실제 영화에서 가장 많이 사용되는 렌즈 대역은 표준렌즈인 경우가 많고 〈대부The Godfather〉(1972), 〈1917〉, 〈차이나타운Chinatown〉(1974) 등과 같은 영화들은 40mm 렌즈 하나로 영화 대부분을 촬영했다. 표준렌즈만 사용하더라도 두세 걸음 피사체에 다가서면 클로즈업을 찍을 수 있고 몇 발자국 뒤로 물러나면 와이드샷도 가능하기 때문에 가장 범용성이 좋은 렌즈다.

085

⟨도리를 찾아서⟩ 렌즈 플랜

물 밖(35mm 센서 카메라)과 물속(16mm 센서 카메라)을 구분하였고
그에 따른 렌즈 값도 다르게 사용되었다는 걸 알 수 있다.

▄▄◀ 렌즈 플랜

소규모 단편영화가 아닌 이상 장소에 따라 촬영팀을 여러 유닛으로 나누어 촬영을 진행한다. 3D 애니메이션의 경우도 촬영을 담당하는 아티스트가 한 작품에 10~15명이 참여하는데 어떠한 상황에 어떤 렌즈 값을 사용할 것인지 사전 합의가 없으면 아티스트에 따라 샷 느낌이 중구난방이 될 확률이 높다. 이러한 문제를 피하기 위해 좋은 연출자라면 프로젝트에 사용할 렌즈 값을 몇 가지로 한정해 통일감 있는 샷을 유지하는 노력을 해야 한다. 왼쪽의 이미지는 픽사의 〈도리를 찾아서Finding Dory〉(2016)에 사용된 렌즈 플랜이다. 사용할 수 있는 렌즈 값이 몇 가지로 한정되어 있을 뿐만 아니라 물 밖에서 찍는 장면과 물속에서 찍는 장면들의 렌즈 값과 사용될 카메라 종류도 따로 구분되어 있다는 걸 알 수 있다.

같은 대화 장면이지만 보핍을 찍을 때
다른 종류의 렌즈(애너모픽)가 사용된 것을 알 수 있다.

애너모픽 렌즈란?

DSLR이나 미러리스 카메라에서 흔하게 사용하는 렌즈와 달리 애너모픽 렌즈Anamorphic Lens는 타원형의 보케, 화면을 가로지르는 파란 빛깔의 렌즈 플레어, 화면 주변부에 회오리치는 듯한 흐림 효과 등을 만들어내는 자기 색이 강한 렌즈다. 애초에 가로로 길게 찍힌 이미지를 좌우로 압축해 가장 범용적으로 쓰이는 35mm 필름 영역으로 압축해 기록할 수 있도록 만들어진 렌즈였기에 이런 독특한 광학적 특징이 생겼다. 〈스타워즈: 라이즈 오브 스카이워커Star Wars: The Rise of Skywalker〉(2019), 〈스타 트렉: 더 비기닝Star Trek〉(2019) 등을 연출한 J. J. 에이브럼스, 〈트랜스포머Transformers〉 시리즈를 연출한 마이클 베이 등과 같은 블록버스터 감독들 중에 애너모픽 렌즈를 사랑하는 사람이 많다. 그래서 블록버스터 영화를 즐겨보는 관객들에게 굉장히 익숙한 질감을 느끼게 하는 렌즈이기도 하다. 〈토이스토리 4Toy Story 4〉(2019)의 경우, 일반 렌즈와 애너모픽 렌즈의 광학적 차이를 이용해 '우디'를 찍을 때는 일반 렌즈를, 그리고 '보핍'을 찍을 때는 애너모픽 렌즈를 사용하는 방식으로 보핍의 이미지를 조금 더 특별하게 만들기도 했다.

돌리 VS 줌 쇼츠

돌리와 줌의 차이는 무엇일까?

영상 연출을 하고자 한다면 '카메라를 움직여' 피사체를 향해 들어가는 푸시인과 카메라는 제자리에 있지만 '줌'처럼 '렌즈만 조절한' 푸시인의 차이를 명확하게 구분할 수 있어야 한다. 일반적으로 '카메라가 움직이는' 푸시인을 훨씬 많이 사용하는데, 줌을 이용할 경우 광각에서 망원렌즈로 광학적 특성 변하기 때문에 화면 속 피사체가 커질 뿐만 아니라 공간이 압축되는 현상까지 같이 일어난다. 줌을 사용한 장면처럼 공간이 압축되는 느낌은 인간의 시각으로는 볼 수 없는 현상이라 낯설게 느껴진다. 그래서 섬세하게 피사체에 집중해야 하는 장면에서 줌을 사용하면 독자들의 몰입을 방해할 수 있다. 물론 반대로 또 이러한 이유 때문에 박진감 넘치는 장면이나 코믹한 장면을 만들어나갈 때는 줌이 제 역할을 톡톡히 해내기도 한다.

088

돌리줌 쇼츠

돌리와 줌의 은밀한 만남, 돌리줌

돌리와 줌을 동시에 사용하는 독특한 촬영법이 바로 돌리줌이다. 단, 돌리와 줌은 반대 방향으로 움직여야 한다. 카메라가 피사체로부터 멀어지면서 줌인하고, 카메라가 피사체에 점점 가까워 질 때는 줌아웃을 하는 방식으로 말이다. 돌리줌을 이용해 촬영하면 화면 속 피사체의 크기는 거의 일정하게 유지되는데, 배경만 압축 혹은 확장되는 굉장히 묘한 이미지를 만들 수 있다. '졸리샷Zolly shot'이라고도 하며 히치콕 감독이 〈현기증〉에서 이 기법을 선보여 '버티고(현기증)샷Vertigo Shot'이라 불리기도 한다. 영상을 감상하는 이들에게 현기증을 유발할 수 있을 정도로 강렬한 샷이라 흔히 사용되지는 않지만, 주인공이 충격적인 사건을 목격했을 때, 정신적 외상을 입는 것을 비주얼로 표현하고 싶은 상황과 같이 강렬한 이미지가 필요한 경우 선택적으로 사용된다.

089

무엇을 전달하기 위한 샷인가?

앞서 언급한 샷의 종류, 카메라 움직임, 렌즈 등은 철저하게 어떠한 정보나 감정을 전달할 것인지에 따라 결정해야 한다. 목적이 불분명한 샷이 편집본에 남아 있다면 과감하게 잘라내라. 단순히 느낌이 좋다는 이유만으로 목적이 불분명한 샷들을 나열하면 지루하거나 겉멋만 잔뜩 든 영상으로 귀결되기 딱 좋다. 말 하나하나에 정성을 쏟아 한 편의 시를 써나가듯 샷 하나하나를 압축해 영상을 만들어야 다차원적으로 해석될 수 있는 깊이가 생기고, 비주얼 아트로서 한 차원 더 높은 가치를 지니게 된다.

자연스러운 뒷 모습만으로도 극 중 아이들의 역할이 느껴진다.

고레에다 히로카즈는 다큐멘터리 감독 출신으로 유독 피사체를 자연스럽게 담아낸다.

〈아무도 모른다〉 (2004)

피사체를 진솔하게 이해해라

기술적인 부분에 대한 공부가 어느 정도 되었다면 이제부터는 피사체를 진솔하게 마주하는 시간을 가져라. 약간의 앵글, 움직임, 렌즈 차이로도 피사체의 특징을 이해하고 찍은 느낌인지 혹은 기본 이론을 바탕으로 습관적으로 찍은 장면인지가 느껴진다. 이 차이는 보통은 얼마나 시간을 들여 피사체를 이해하려 노력했느냐에 따라 달라지는 경우가 많다. 다큐멘터리 작가 출신 감독들의 영화에서 피사체가 마치 카메라를 전혀 신경 쓰지 않는 것처럼 화면 안에 자연스럽게 담긴 경우가 많은 것은 바로 이 때문이다.

교차편집 쇼츠

영화를 더욱 영화답게 만들어 주는 마법, 교차편집

영상을 통해 지루할 수 있는 순간은 압축하고, 극적인 순간은 더욱 확장해서 보여줄 때 관객은 현실과 명확히 구분되는 영화적 경험을 한다. 이 경험은 '교차편집'의 발명과 함께 가능해졌다. 사건을 시간 순서대로 보여주던 초기 영화와 달리 불이 난 건물과 도움이 필요한 사람들의 모습, 그 소식을 듣게 된 소방관들이 출동하는 장면, 점점 죽음의 문턱에 가까워진 사람들의 절박한 표정, 빌딩 앞에 도착한 소방관들이 사다리를 내리고 물을 뿌리기 시작하는 장면 등과 같이 지금은 너무나도 당연하게 사용되는 같은 시간, 다른 공간에 일어나는 사건을 교차해서 보여주는 연출을 통해 현실보다 더 극적인 긴박감을 만들어낼 수도 있게 되었다. 때로는 어떤 사건을 어떤 순서로 교차편집해서 보여주느냐에 따라 관객들에게 엄청난 반전을 선사할 수도 있다.

딱딱한 편집

 컷

| A 캐릭터 대사 | B 캐릭터 대사 |

자연스러운 편집

 컷

| A 캐릭터 대사 | B 캐릭터 대사 |

or

| A 캐릭터 대사 | B 캐릭터 대사 |

편집이 딱딱하게 느껴진다면 사운드를 살펴보자

인물의 대사에 맞춰 바로 해당 인물로 컷이 되고 다음 캐릭터가 이야기를 시작하는 순간 정확히 그다음 캐릭터로 샷이 전환되는 형식의 영상을 보면 편집이 굉장히 기계적으로 느껴진다. 이러한 느낌을 없애기 위해서는 이전 캐릭터의 대사가 계속 이어지는 가운데 다음 캐릭터 샷으로 컷이 되도록 하든지, 이전 캐릭터의 화면이 이어지지만 다음 인물의 대사가 화면보다 먼저 나오기 시작하는 식으로 샷과 샷 사이에 사운드를 오버랩over-lap(하나의 화면이 끝나기 전에 다음 화면이 겹치면서 먼저 화면이 차차 사라지게 하는 기법)시키면 좋다. 순간적으로 완전히 다른 분위기의 샷으로 자연스럽게 컷을 하고자 하는 경우는 샷과 샷 사이에 차 문을 쾅 닫는 소리, 기차 경적, 구둣발 소리, 총성 등과 같이 강한 사운드 소스를 이용해 장면을 전환하기도 한다.

퀵 팬 & 퀵 틸트 쇼츠

퀵 팬, 퀵 틸트라는 강력 본드

도드라지는 사운드 효과를 이용한 컷과 마찬가지로 어떤 샷에 사용해도 튀는 느낌 없이 착 잘 달라붙는 카메라 움직임이 있다. 바로 퀵 팬Quick Pan 과 퀵 틸트Quick Tilt이다. 퀵 팬을 사용할 때 중요한 점은 첫 샷의 끝 부분에 퀵 팬을 시작했다면 다음 샷의 첫 부분에 같은 방향으로 움직이는 퀵 팬 움직임이 있어야 한다는 점이다. 카메라가 빠른 속도로 움직이면 모션 블러Motion Blur 현상이 생기기 때문에 피사체 형태를 알아보기 힘들 정도로 이미지가 흐릿해지는 구간이 생긴다. 흐릿해지는 구간을 잘 이어 붙이면 어떠한 샷이든 다 이어 붙일 수 있다. 마치 강력 본드처럼 말이다. 다만 워낙 큰 카메라 움직임이다 보니 자연스럽게 연출되어야 하는 상황에서 사용하는 것은 자제하길 바란다.

슬로모션 쇼츠

슬로모션

슬로모션slow motion은 일상에서는 느낄 수 없는 프레임 레이트frame rate(1초를 몇 장의 이미지로 저장하는지에 대한 단위. 영화는 일반적으로 초당 24장의 이미지를 보여주기 때문에 초당 240장으로 촬영된 클립을 사용하면 10배 느린 속도의 슬로모션이 된다)이기 때문에 매우 선명한 영화적 경험을 줄 수 있는 장치 중 하나다. 빛에 가까운 속도로 움직이는 플래시가 슈퍼맨의 반응 속도를 보고 놀라는 장면을 클로즈업으로 담아야 한다면 슬로모션 없이는 전달하지 못할 것이다. "여긴 스파르타야!This is Sparta!" 하는 외침과 함께 대국 페르시아의 사신을 구덩이에 처넣는 〈300〉(2007)의 장면은 전쟁의 서막을 알리는 결정적 순간의 무게를 강조하기 위해 슬로모션을 적절하게 사용했다. 다만 의미 없이 계속 슬로모션을 반복한다면 오히려 지루함을 유발할 수 있다는 점을 기억하자.

같은 장면이라도 음악에 따라 완전히 다르게 느껴질 수 있다.

음악이 영상을 이끌어도 좋다

100퍼센트 내러티브에 의해 이끌려가는 장면이 아니라면 음악을 먼저 결정하는 것도 연출에 큰 도움이 될 수 있다. 특히 추상적인 이미지들이 중간중간 뒤섞여 나오는 뮤직비디오, 광고 영상 등은 미리 결정된 음악이 있으면 음악의 템포에 맞는 연기, 카메라 움직임, 샷 편집 템포 등을 만들어가는 데 결정적인 요소가 된다. 뿐만 아니라 음악은 이미 만들어진 영상의 분위기를 180도 바꿀 수도 있다. 노란 유채꽃 가득한 넓은 들판 한가운데 오래된 작은 오두막이 있는 장면에 싱그러운 봄 햇살 같은 음악이 깔리면 로맨틱한 느낌을 자아낼 수 있다. 하지만, 불길한 일이 생길 것 같은 음울한 분위기의 음악과 사운드 이펙트가 깔리면, 관객들로 하여금 오두막 안에서 어떤 끔찍한 일이 일어나고 있을지 상상하게 만들 것이다.

평소 이런 이야기를 듣는다면 잘하고 있는 것이다.

집요함이 필요하다

철학자 파스칼은 친구에게 보내는 편지 말미에 "이 편지를 짧게 쓸 시간이 부족해 길어진 것을 양해해주게" 같은 말을 항상 남기며 글을 압축적으로 쓰지 못 했음을 미안해했다. 영화를 만들 때도 그러한 마음가짐이 필요하다. 시나리오를 써내려갈 때, 스토리보드를 그릴 때, 촬영을 진행할 때, 편집을 할 때 등 매 단계에서 전달하고자 하는 것의 밀도를 높이기 위해 노력해야 한다. 어느 정도 집착에 가까운 집요함이 있어야 관객에게 미안해하지 않아도 되는 영상을 잘 만들 수 있고, 스스로에 대한 후회도 남지 않는다.

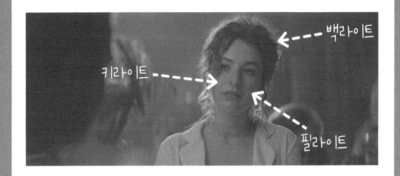

백라이트

키라이트

필라이트

〈바빌론〉 (2022)

기본 조명 개념

극사실주의를 위해 자연광과 생활 조명만 사용해 찍는 영화도 가끔 있지만, 대부분의 경우는 빛의 방향, 색깔, 광량 등을 디테일하게 조절해 정확하게 원하는 이미지를 얻기 위해 인공조명을 추가적으로 설치해 촬영을 진행한다. 가장 기본이 되는 스튜디오 라이트 세팅은 키라이트key light, 필라이트fill light, 백라이트back light, 세 가지 조명을 이용한 '3점 조명 세팅'이다. '키라이트'는 빛의 색, 방향, 조도 등을 전반적으로 결정하는 '주광'이고, '필라이트'는 키라이트에 의해 생긴 그림자 때문에 주요 피사체의 얼굴 등이 너무 어두워진 경우 그림자 부분을 살짝 밝혀 디테일을 살려주는 역할을 하는 보조 조명에 가깝다. 느와르 영화와 같이 의도적으로 강하게 그림자를 드리우길 원하는 경우는 필라이트를 생략하기도 한다. '백라이트'는 주로 피사체 뒤편에 설치되는 라이트로 피사체의 윤곽을 따라 빛이 투사되도록 하는 라이트라서 '림라이트rim light'라 불리기도 한다. 빛을 이용해 배경으로부터 피사체를 떼어주는 역할을 하기도 하고 피사체가 특히 반짝반짝 빛나는 느낌으로 찍혀야 하는 경우 후광의 느낌으로 사용되기도 한다.

어둠 속에서 빛을 향해 걸어 나오면서 정체를
드러내는 연출은 여러 영화에서 어렵지 않게 찾아볼 수 있다.

궁금증을 자아내기 위한 조명

이야기의 전환점이 될 중요 정보를 환한 조명 아래서 아무런 감흥 없이 보여주는 경우, 정보의 중요성이 관객에게 제대로 전달되지 않을 수 있다. 그래서 결정적 정보를 드러내기 전에는 항상 일종의 빌드업을 추가하는데, 이때 흔히 사용되는 연출법 중 하나가 바로 빛과 그림자를 이용하는 것이다. 강한 역광을 사용해 의도적으로 특정 인물의 얼굴을 감추거나, 어둠 속에서 대화를 시작한 캐릭터가 서서히 가로등 빛 아래로 걸어 나오며 얼굴이 드라마틱하게 공개되는 장면처럼, 빛과 그림자를 이용해 의도적으로 특정 정보는 제한하고 감춰두었던 정보는 극적으로 드러내는 것이다. 빛과 그림자를 이용한 연출법은 결국 관객의 궁금증을 유발해 이야기 몰입을 도와주는 장치 중 하나다.

학생 때 만든 작품을 영화제를 통해
관객들과 함께 감상한 경험이 커리어에 많은 영향을 끼쳤다.

영상을 만들었다면 대중에게 공개해라

인터넷을 통해 작품을 공개하고자 한다면 '이런 이유 때문에 이 부분은 어쩔 수 없었다' 등과 같은 핑계 없이 공개하라. 어차피 앞으로도 핑곗거리가 전혀 없는 환경에서 영상을 만들 가능성은 매우 낮기 때문에 현 상황에서 최선을 다 했다면 온전히 대중의 반응을 받아들여라. 일단 영상이 공개되면 응원의 코멘트도 받겠지만 때로는 지나칠 정도의 날선 피드백도 받게 될 것이다. 약이 되는 비평도 있겠지만 지나치게 인신 공격적인 피드백은 무시하고 넘어갈 수 있는 멘탈도 길러야 한다. 작품을 20~30년간 연출해온 감독들에게도 일어나는 일이니 자책할 필요는 전혀 없다. 관객에게 작품을 선보일 수 있는 또 다른 방법은 영화제에 출품하는 것이다. 꼭 10~20분 길이의 단편영화일 필요도 없다. 1분 내외의 영상만 받는 '초단편 영화제' 등도 있으니 조금만 검색해보면 출품할 만한 국내외 영화제를 충분히 찾을 수 있다. 부산국제영화제, 전주국제영화제, 부천판타스틱영화제, 미장센영화제, 서울인디애니페스트와 같은 영화제들은 '찐' 영상 팬들과 만나볼 수 있는 기회의 장이 될 수 있으니, 가능하면 출품해보길 추천한다.

모든 콘텐츠 제작은 '다른 사람의 말에 귀 기울여야 할 때'와
'내 비전을 관철시켜야 할 때' 사이의 밸런스 게임이다.

누군가에게 상처가 되는 영상을 만들지 마라

스토리 전개상 혹은 다양성을 지향하기 위해 장애인, 어린아이 같은 이들이 등장할 수는 있지만 사회적 약자를 다룰 때는 각별한 주의가 필요하다. 글로벌 콘텐츠를 만드는 스튜디오들은 매 영화마다 문화 자문그룹Cultural Trust을 만들어 영화가 제작되는 동안 관련 부분을 잘 아는 이들의 정기 피드백을 받으며 문화적, 인종적, 종교적으로 의도하지 않은 폭력이 포함되지 않도록 각별히 주의한다. 콘텐츠 창작자가 인종·문화 차별주의자와 같은 낙인이 한번 찍히면 그가 만든 콘텐츠를 관객들이 보이콧하거나 클라이언트들이 회사 이미지를 고려해 함께 일하려 하지 않기 때문에 커리어에 직접적인 타격을 입을 수 있다. 따라서 돌다리도 두들겨보며 건너야 한다. 다만 영화의 톤 앤 매너를 완벽히 코미디로 설정하거나 차별적 상황을 비판하기 위한 도구로서 다소 폭력적인 장면을 사용한 경우라면 관객들도 맥락을 이해하고 그 상황을 웃음이나 풍자로 받아들일 것이다.